파이썬
Python
2학년
스크래핑의 구조

체험으로 배우고!
대화 형식으로
공부!

모리 요시나오 지음
이영란 옮김

BM (주)도서출판 성안당

이 책은 이렇게 구성돼 있어요

이 책의 예제는 다음과 같은 환경에서 문제 없이 동작한다는 것을 확인했습니다.

• 예제 시험 환경

　운영체제: 윈도 10, macOS 카탈리나(Catalina) 10.15.x

　파이썬: 3.8.4

예제 파일 다운로드

이 책에서 사용하는 예제 파일은 다음 사이트에서 다운로드할 수 있습니다.

URL (주)성안당 홈페이지(www.cyber.co.kr)에서 회원 가입 후 [자료실]-[자료실 바로가기]를 선택하고
검색창에 '파이썬' 입력

면책 사항

예제 파일에 문제가 없다는 것을 저자 및 편집부가 확인했지만, 사용 결과 어떤 손해가 발생하더라도 저자 및 주식회사
쇼에이 사는 아무런 책임도 지지 않습니다. 모두 본인의 책임 아래 사용해 주십시오.

2019년 9월

주식회사 쇼에이샤 편집부

■ 이 책의 내용에 관한 문의

이 책에 관한 질문, 정오표는 다음 사이트를 참조하세요

(원서) 정오표 http://www.shoeisha.co.jp/book/errata/

(번역판) 정오표 http://www.cyber.co.kr(회원 가입 후)[도서몰]-[자료실]-[정오표] 바로가기-(검색창에)
'파이썬' 입력

(원서) 간행물 Q&A http://www.shoeisha.co.jp/book/qa/

(번역판) 문의사항 http://www.cyber.co.kr(회원 가입 후) 1:1 게시판 또는 nahrcho06@naver.com

※ 이 책에 기재된 URL 등은 예고 없이 변경될 수 있습니다.

※ 이 책을 출판할 때 정확하게 기술하도록 힘썼지만, 저자와 출판사 모두 내용에 관해 아무런 보증을 하지 않으며,
내용이나 예제 및 다운로드 파일을 기반으로 한 어떠한 운용 결과에 대해서도 일절 책임지지 않습니다.

※ 이 책에 기재된 예제 프로그램과 스크립트 및 실행 결과를 기술한 화면 이미지 등은 특정 설정을 바탕으로 한
환경에서 재현되는 하나의 예입니다.

※ 이 책에 나오는 회사명과 제품명은 각 사의 상표 및 등록 상표입니다.

※ 이 책의 내용은 2019년 9월 시점의 정보를 바탕으로 집필됐습니다.

들어가며

‘파이썬 공부를 시작한 초보자인데, 초보를 탈출을 위해 뭘 해야 좋을지 모르겠다.’
‘파이썬의 기본은 이해했으니 좀 더 실용적인 프로그램을 만들어 보고 싶다.’

이렇게 생각하시는 분이 많지 않습니까?

하지만 전문 서적은 너무 어려울 것 같고, 어려운 키워드가 많이 나오거나 내용도 너무 전문적이라 손댈 엄두가 안 납니다. 이럴 때 ‘좀 더 쉬우면서 간단하게 설명된 책은 없을까?’라고 생각해 봤을 것입니다.

이 책은 파이썬 기초를 다진 초보자가 다음 단계로 올라가기 위한 학습을 하는 데 도움을 줍니다.

파이썬은 ‘웹 액세스’나 ‘데이터 처리’에 뛰어난 언어이기 때문에 ‘머신러닝’이나 ‘빅데이터 분석’에 주로 사용합니다. 하지만 이런 거창한 것이 아닌 ‘우리 주변의 소소한 조사’에 사용해도 됩니다.

관심 있는 뉴스를 조사하거나 집 근처의 가게 정보를 조사하거나 내일 날씨를 조사하는 등 ‘파이썬을 자신의 주변에 있는 뭔가를 조사하는 데 사용해 보면’ 다음 단계로 좀 더 쉽게 나아갈 수 있을 것입니다. 또 잘 만들면 실제로 자신에게 도움이 되는 프로그램을 만들 수도 있습니다.

이 『파이썬 2학년』은 『파이썬 1학년』에 이어 파이썬 초보자인 다솜 양이 염소 박사님과 함께 배우는 형식으로 구성돼 있으므로 초보자도 쉽게 이해할 수 있습니다.

이 책으로 파이썬의 간편함과 편리함을 체험해 파이썬 프로그래밍을 더욱 즐기기를 바랍니다.

2019년 9월 길일
저자 모리 요시나오

3

차례

제1장 파이썬으로 데이터를 다운로드

제2장 HTML을 해석해 보자

제3장   표 데이터를 읽고 쓰자

제4장 오픈 데이터를 분석해 보자

제5장 웹 API로 데이터를 수집하자

이 책의 예제 테스트 환경

이 책에 나오는 예제는 다음 환경에서 문제 없이 작동한다는 것을 확인했습니다.

OS: macOS
OS 버전: 10.15.6(Catalina)
CPU: Intel Core i5
Python 버전: 3.8.4
각종 라이브러리와 버전
  pip: 19.2.1
  beautiul soup4: 4.8.0
  pandas: 0.24.2
  matplotlib: 3.1.1
  openpyxl: 2.6.2
  xlrd: 1.2.0
  xlwt: 1.3.0
  folium: 0.9.1

OS: Windows
OS 버전: 10 Pro 버전 1809
CPU: Intel core i7
Python 버전: 3.8.4
각종 라이브러리와 버전
  pip: 19.2.1
  beautiul soup4: 4.8.0
  pandas: 0.24.2
  matplotlib: 3.1.1
  openpyxl: 2.6.2
  xlrd: 1.2.0
  xlwt: 1.3.0
  folium: 0.9.1

이 책의 대상 독자와 2학년 시리즈에 대해

이 책의 대상 독자

이 책은 인터넷에서 데이터 수집을 시작하려는 초보자나 앞으로 데이터 분석을 하려고 하는 분을 위한 스크래핑 입문서입니다. 스크래핑의 원리와 구조를 대화 형식으로 이해할 수 있습니다. 처음인 분도 안심하고 스크래핑의 세계로 뛰어들 수 있습니다.

- 파이썬의 기본 문법은 알고 있는 분(『파이썬 1학년』을 읽으신 분)
- 데이터 수집이나 데이터 분석 초보자

2학년 시리즈에 대해

2학년 시리즈는 1학년 시리즈를 읽으신 분을 대상으로 하는 입문서입니다. 어느 정도 기술적인 부분도 포함돼 있으므로 이 책에서 다루는 기술을 잘 익히기 바랍니다. 이 책은 다음 세 가지 특징이 있습니다.

포인트 ① **기초 지식을 알 수 있다**

각 장의 첫 부분에 있는 만화나 일러스트를 이용해 배울 내용을 소개합니다. 그 이후에도 일러스트를 이용해 기초 지식을 설명합니다.

포인트 ② **프로그램의 구조를 배운다**

최소한으로 필요한 문법을 선별해 설명합니다. 중간에 포기하지 않도록 대화 형식으로 알기 쉽게 설명합니다.

포인트 ③ **개발 체험을 할 수 있다**

프로그래밍 언어(애플리케이션)를 처음 배우는 분을 위해 재미있고 쉬운 예제를 마련했습니다.

염소 박사님

다솜 양

이 책을 보는 법

이 책은 스크래핑이 처음인 분도 쉽게 학습할 수 있도록 다양한 코너를 마련했습니다.

염소 박사님과 다솜 양의 만화로 각 장의 개요를 설명

각 장에서 무엇을 배울지를 만화로 설명합니다.

각 장에서 배울 구체적인 내용을 한눈에 알 수 있다

각 장에서 배울 내용을 일러스트를 이용해 알기 쉽게 소개합니다.

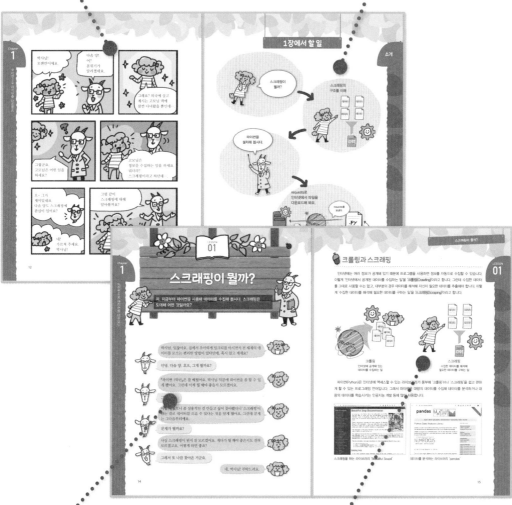

대화 형식으로 설명

각 장의 개요나 예제를 염소 박사님과 다솜 양의 대화로 재미있게 설명합니다.

일러스트로 설명

어렵고 복잡한 설명은 피하고 일러스트를 많이 사용해 알기 쉽게 설명합니다.

예제 파일과 회원 특전 데이터의 다운로드에 대해

부록 데이터 안내

부록 데이터(이 책에 실린 예제 코드)는 다음 사이트에서 다운로드할 수 있습니다.

• 부록 데이터 다운로드 사이트

URL https://www.cyber.co.kr의 [도서몰]−회원가입−[자료실]−[자료실] 바로가기−'파이썬' [검색]

주의

부록 데이터에 관한 권리는 저자 및 주식회사 쇼에이 사에 있습니다. 허가 없이 배포하거나 사이트에 게재할 수 없습니다. 부록 데이터의 제공은 예고 없이 종료될 수 있으므로 양해 바랍니다.

회원 특전 데이터 안내

회원 특전 데이터는 다음 사이트에서 다운로드할 수 있습니다.

• 회원 특전 데이터 다운로드 사이트

URL https://www.cyber.co.kr의 [도서몰]−회원가입−[자료실]−[자료실] 바로가기−'파이썬' [검색]

주의

회원 특전 데이터에 관한 권리는 저자 및 주식회사 쇼에이 사에 있습니다.

허가 없이 배포하거나 다른 사이트에 게재할 수 없습니다.

회원 특전 데이터의 제공은 예고 없이 종료될 수 있으므로 양해바랍니다.

면책 사항

부록 데이터 및 회원 특전 데이터의 기재 내용은 2019년 9월 현재의 법령 등에 기초합니다.

부록 데이터 및 회원 특전 데이터에 기재된 URL 등은 예고 없이 변경될 수 있습니다.

부록 데이터 및 회원 특전 데이터 제공 내용에 대해 정확하게 기술하려고 노력했습니다. 하지만 저자나 출판사 둘 다 내용을 보증하지는 않습니다. 내용이나 예제를 이용한 운용 결과에 관해서도 일절 책임을 지지 않습니다.

부록 데이터 및 회원 특전 데이터에 기재된 회사명 및 제품명은 각각의 회사의 상표 및 등록상표입니다.

저작권 등에 대해

부록 데이터 및 회원 특전 데이터의 저작권은 저자 및 주식회사 쇼에이 사가 소유하고 있습니다. 개인이 사용하는 목적 이외에는 이용할 수 없습니다. 허가 없이 네트워크를 통해 배포할 수도 없습니다. 개인적으로 사용하는 경우는 소스 코드를 수정하거나 이용할 수 있습니다. 기타 이용에 관한 사항은 주식회사 쇼에이 사에 알려 주시기 바랍니다.

2019년 9월

주식회사 쇼에이 사 편집부

제1장

파이썬으로 데이터를 다운로드

1장에서 할 일

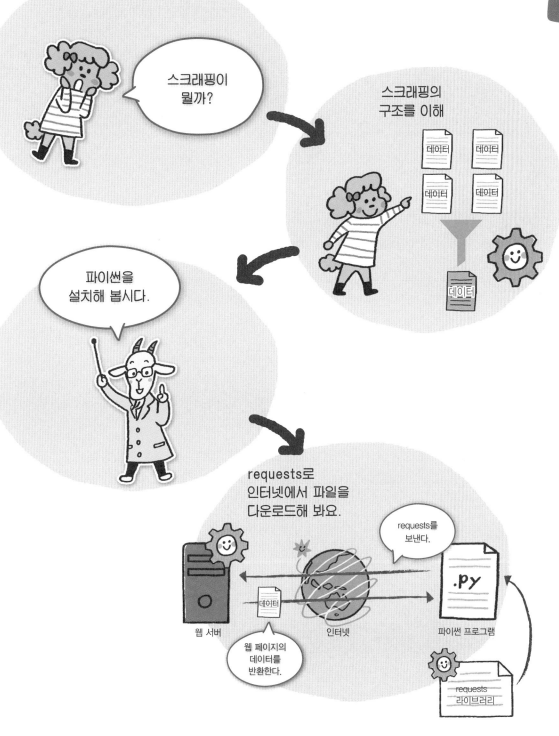

스크래핑이
뭘까?

스크래핑의
구조를 이해

데이터 데이터

데이터 데이터

데이터

파이썬을
설치해 봅시다.

requests로
인터넷에서 파일을
다운로드해 봐요.

requests를
보낸다.

.py

웹 서버

인터넷

파이썬 프로그램

웹 페이지의
데이터를
반환한다.

requests
라이브러리

LESSON
01

스크래핑이 뭘까?

자, 지금부터 파이썬을 사용해 데이터를 수집해 봅시다. 스크래핑은
도대체 어떤 것일까요?

박사님, 있잖아요. 집에서 우아하게 밀크티를 마시면서 전 세계의 데
이터를 모으는 편리한 방법이 있다던데, 혹시 알고 계세요?

안녕, 다솜 양. 호오, 그게 뭘까요?

『파이썬 1학년』은 잘 배웠어요. 박사님 덕분에 파이썬을 좀 할 수 있
게 됐어요. 그런데 이제 뭘 해야 좋을지 모르겠어요.

그래요?

이왕 배웠으니 좀 실용적인 걸 만들고 싶어 찾아봤더니 '스크래핑'이
라는 걸로 데이터를 모을 수 있다는 것을 알게 됐어요. 그런데 문제
는 그다음부터예요.

문제가 뭘까요?

사실 스크래핑이 뭔지 잘 모르겠어요. 게다가 뭘 해야 좋은지도 전혀
모르겠고요. 어떻게 하면 좋죠?

그래서 또 나를 찾아온 거군요.

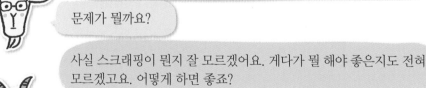

네, 박사님! 부탁드려요.

크롤링과 스크래핑

인터넷에는 여러 정보가 공개돼 있기 때문에 프로그램을 사용하면 정보를 자동으로 수집할 수 있습니다. 이렇게 '인터넷에서 공개된 데이터를 수집하는 일'을 '크롤링(Crawling)'이라고 합니다. 그런데 수집한 데이터를 그대로 사용할 수는 없고, 대부분의 경우 데이터를 해석해 자신이 필요한 데이터를 추출해야 합니다. 이렇게 '수집한 데이터를 해석해 필요한 데이터를 구하는 일'을 '스크래핑(Scraping)'이라고 합니다.

크롤링
인터넷에 공개돼 있는
데이터를 수집하는 일

스크래핑
수집한 데이터를 해석해
필요한 데이터를 구하는 일

파이썬(Python)은 인터넷에 액세스할 수 있는 라이브러리가 풍부해 '크롤링'이나 '스크래핑'을 쉽고 편하게 할 수 있는 프로그래밍 언어입니다. 그래서 파이썬은 대량의 데이터를 수집해 데이터를 분석하거나 대량의 데이터를 학습시키는 인공지능 개발 등에 많이 사용합니다.

스크래핑을 하는 라이브러리 'Beautiful Soup4'

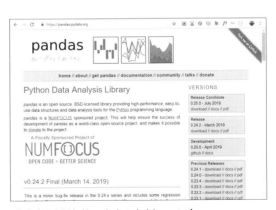

데이터를 분석하는 라이브러리 'pandas'

주의해야 할 점도 있다

파이썬 프로그램을 사용하면 데이터를 수작업으로 수집할 때와는 비교할 수 없을 만큼 간단하게 대량의 데이터를 수집할 수 있어서 무척 편리합니다. 하지만 주의해야 할 점이 있습니다. 바로 '상대방의 사이트에 피해를 입히지 말아야 한다'는 것입니다. 사람이라면 당연히 생각하는 이 일을 컴퓨터는 사람이 아니기 때문에 피로도 모르고 분위기를 파악하는 법도 없이 묵묵히 데이터를 수집합니다. 하지만 컴퓨터가 액세스하고 있는 사이트는 누군가가 많은 노력을 기울여 만든 것입니다. 그러므로 상대방에게 피해를 입히지 않도록 주의해야 합니다. 특히 다음과 같은 일에 주의해야 합니다.

첫 번째는 '저작권을 지킬 것'입니다.

다른 사람이 만든 오리지널리티가 있는 저작물은 사용 허가가 명시돼 있는 것 외에는 무단으로 복제하거나 2차 이용을 하지 말기 바랍니다. 안심하고 이용할 수 있는 데이터로는 이용을 전제로 공공기관이나 기업이 공개하고 있는 정보가 있습니다.

두 번째는 '과도한 액세스로 업무를 방해하지 말 것'입니다.

서버에 대량으로 액세스하면 상대방의 사이트에 부담을 주게 됩니다. 따라서 프로그램 쪽에서 '한 번 액세스하면 1초 기다린다.'라는 구조를 만드는 등 업무를 방해하지 않도록 주의하기 바랍니다.

세 번째는 '크롤링 금지인 사이트는 크롤링하지 말 것'입니다.

사이트 측이 크롤링을 금지하고 있는지는 'robots.txt'라는 파일이나 HTML 안의 'robots meta 태그'를 통해 확인할 수 있습니다.

> 1. 저작권을 지킬 것
> 2. 과도한 액세스로 업무를 방해하지 말 것
> 3. 크롤링 금지 사이트는 크롤링하지 말 것

robots.txt란?

'robots.txt' 파일은 사이트의 루트 디렉토리에 있습니다. 'robots.txt' 파일이 있는지를 살펴보고 이곳에 다음과 같이 쓰여 있을 때는 '사이트 전체를 크롤링하지 말기를 바란다.'는 의사 표시이므로 크롤링을 삼갑니다.

robots.txt

```
User-agent: *
Disallow: /
```

또 HTML 안에 다음과 같은 'robots meta 태그'가 쓰여 있을 때는 '이 페이지 안의 링크를 찾아가지 말기 바란다'는 의사 표시이므로 크롤링을 삼갑니다.

```
<meta name="robots" content="nofollow">
```

상대 사이트에 피해만 입히지 않는다면 크롤링이나 스크래핑은 매우 편리한 도구입니다. 수작업으로는 할 수 없는 데이터 수집이나 데이터 분석을 할 수 있기 때문입니다. 꼭 한번 사용해 보기 바랍니다.

그래도 전 세계에서 데이터를 가지고 올 수 있다니 신기하네요.

다솜 양도 매일 하고 있는 일이에요.

그런 대단한 일을 제가 했다고요?

평소 인터넷으로 뉴스를 보거나 모르는 말을 검색하고 있죠?

아! 그렇군요. 그게 바로 전 세계에서 가져오는 거였군요.

언제나 손으로 일일이 조작하고 있지만 그걸 프로그램을 사용해 자동으로 해 주는 게 바로 크롤링이에요.

뭔가 굉장한 일을 할 수 있을 것 같아요.

파이썬을 설치해 보자

컴퓨터에 아직 파이썬이 없다면 설치하는 것부터 시작해 봅시다. 파이썬은 윈도용과 macOS용이 있습니다.

얼마 전에 컴퓨터 새로 샀어요. 새 컴퓨터에 파이썬을 설치하는 거죠?

그 컴퓨터는 윈도예요? 아니면 맥? 맥 컴퓨터에는 파이썬 2가 들어 있어요. 하지만 파이썬 3이 좋겠지요?

그야 당연히 새로운 게 좋죠!

역시 그렇죠? 그럼 파이썬 3을 설치해 볼까요?

윈도에 설치하는 방법

파이썬 3을 윈도에 설치해 봅시다.
먼저 웹 브라우저를 이용해 공식 사이트에
액세스합니다.

〈파이썬 공식 사이트의 다운로드 페이지〉
https://www.python.org/downloads/

① 인스톨러를 다운로드합니다

파이썬 공식 사이트에서 인스톨러를 다운로 드합니다.

윈도에서 다운로드 페이지에 액세스하면 윈 도용 인스톨러가 자동으로 표시됩니다.

❶ [Download Python 3.x.x] 버튼을 클릭한 후 화면 아래의 ❷ [저장] 버튼을 클릭합니다.

② 인스톨러를 실행합니다

다운로드가 끝나면 화면 아래의 표시가 바뀝 니다. ❶ [실행] 버튼을 클릭해 인스톨러를 실 행합니다.

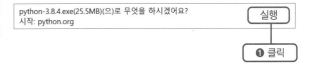

③ 인스톨러의 항목에 체크 표시를 합니다

인스톨러의 시작 화면이 표시됩니다.

❶ [Add Python 3.x to PATH]에 체크 표시 를 한 후 ❷ [Install Now]를 클릭합니다.

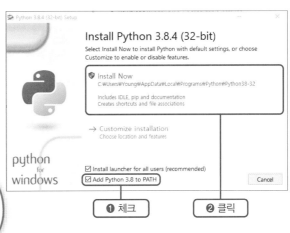

이 'Add Python 3.x to PATH'는 매우 중요하므로 체크 표시를 했는지 반드시 확인합시다.

④ 인스톨러를 종료합니다

설치가 끝나면 'Setup was successful'이라고 표시됩니다. 이로써 파이썬 설치가 끝났습니다. ❶ [Close] 버튼을 클릭해 인스톨러를 종료합니다.

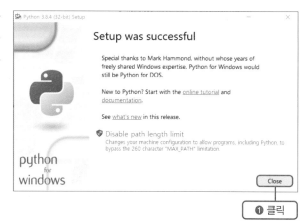

❶ 클릭

macOS에 설치하는 방법

파이썬 3을 macOS에 설치해 봅시다.
먼저 브라우저를 이용해 공식 사이트에 액세스합니다.

〈파이썬 공식 사이트의 다운로드 페이지〉
https://www.python.org/downloads/

① 인스톨러를 다운로드합니다

먼저 파이썬 공식 사이트에서 인스톨러를 다운로드합니다.
macOS에서 다운로드 페이지에 액세스하면 자동으로 macOS용 인스톨러가 표시됩니다.
❶ [Download Python 3.x.x] 버튼을 클릭합니다.

❶ 클릭

② 인스톨러를 실행합니다

다운로드한 인스톨러를 실행합니다. 사파리
(Safari)의 경우 ❶ 다운로드 버튼을 클릭하면
방금 다운로드한 파일이 표시되므로 ❷
[python-3.x.x-macosx10.x.pkg]를 더블클릭
해 실행합니다.

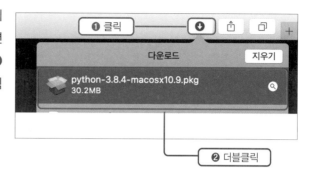

③ 설치를 진행합니다

'소개' 화면에서 ❶ [계속] 버튼을 클릭합니다.
'읽어보기' 화면에서 ❷ [계속] 버튼을 클릭합니다.
'사용권 계약' 화면에서 ❸ [계속] 버튼을 클릭합니다.
동의 대화상자가 나타나면 ❹ [동의] 버튼을 클릭합니다.

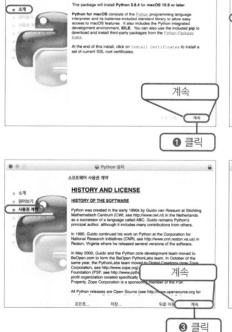

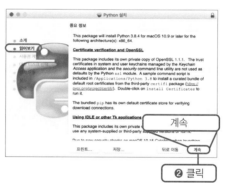

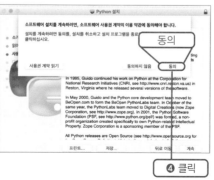

④ macOS에 설치합니다

'Python 설치' 화면에서 ❶ [설치] 버튼을 클릭합니다.

그러면 '설치 프로그램이(가) 새로운 소프트웨어를 설치하려고 합니다'라는 대화상자가 나타납니다. ❷ macOS의 비밀번호를 입력한 후 ❸ [소프트웨어 설치] 버튼을 클릭합니다.

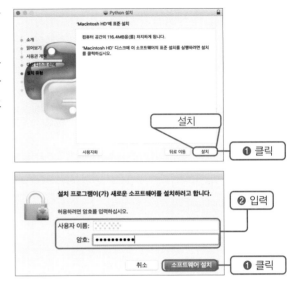

⑤ 인스톨러를 종료합니다

잠시 후에 '설치가 성공적으로 완료되었습니다'라고 표시됩니다. 이로써 파이썬 설치가 끝났습니다. ❶ [닫기] 버튼을 클릭해 인스톨러를 종료합니다.

⑥ SSL 증명서를 설치합니다

파이썬 3.6 이후 버전에서는 설치 후에 네트워크 통신에 사용할 SSL 증명서를 설치할 필요가 있습니다. Python 3.x 폴더를 연 후 ❶ 'Install Cer-tificates.command' 파일을 더블클릭합니다. 터미널이 자동으로 실행되면서 증명서가 설치됩니다. [프로세스 완료됨]이라고 표시되면 ❷ 열린 터미널을 종료합니다.

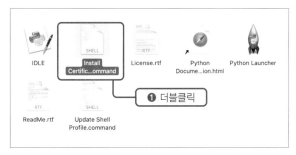

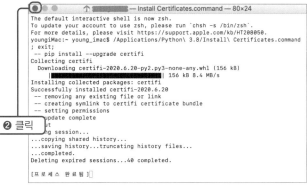

LESSON
03

requests로
액세스해 보자

requests는 인터넷에 쉽게 액세스할 수 있게 해 주는 라이브러리입니다.
먼저 requests를 사용하는 간단한 프로그램을 만들어 봅시다.

박사님! 인터넷상의 데이터는 본래 어디에 있는 거예요?

웹 브라우저로 검색하거나 URL을 입력하면 해당 페이지가 표시되죠? 왜 그런 것 같아요?

인터넷에 연결되면 제 컴퓨터가 보기 좋게 표시해 주는 거 아니에요?

사실은 역할이 나뉘어 있어요. 먼저 인터넷으로 연결돼 있는 컴퓨터는 '표시하는 데 필요한 데이터를 보낸다.'는 일만 하고 있어요. 그것을 받은 웹 브라우저가 '웹 페이지를 표시한다.'는 일을 하고 있는 거예요.

흠. 웹 브라우저는 그냥 '틀'이라고 생각했는데, 표시하는 일을 하고 있었군요.

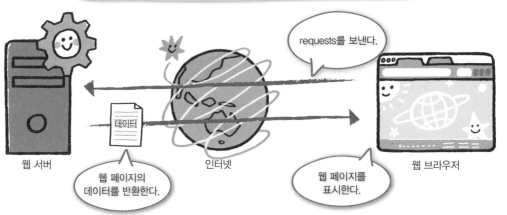

웹 서버

웹 페이지의
데이터를 반환한다.

인터넷

requests를 보낸다.

웹 페이지를
표시한다.

웹 브라우저

이렇게 '표시하는 데 필요한 데이터'를 HTML 파일이라고 하는데, 이 건 텍스트 데이터로 돼 있어요.

흐음.

즉, 통신만 가능하면 웹 브라우저가 아니더라도 파이썬에서도 파일을 읽어 들여 내용을 볼 수 있다는 거죠. 웹 브라우저는 이것을 '웹 페이지 표시용 데이터'로 해석해 사용하지만, 이건 그냥 '여러 정보가 쓰여 있 는 텍스트 데이터'라고 해석할 수도 있어요.

아, 그렇구나! 말하자면 웹 페이지를 데이터로서도 사용할 수 있다 는 말이군요.

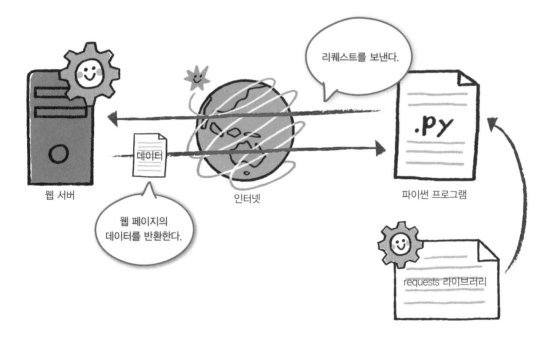

인터넷에 액세스하는 명령으로는 파이썬의 표준 라이브러리인 'urllib.request'가 있지만, 좀 더 간편하게 사용할 수 있는 'requests'라는 외부 라이브러리가 있으므로 이것을 사용해 봅시다.

라이브러리 설치 방법

윈도에 라이브러리를 설치할 때는 명령 프롬프트를 사용합니다. macOS에 라이브러리를 설치할 때는 터미널을 사용합니다.

① 윈도에서는 명령 프롬프트를 실행합니다

시작 메뉴를 열고 ❶ [Windows 시스템] → [명령 프롬프트]를 선택합니다. 프롬프트가 시작되면 ❷ 다음과 같이 pip 명령을 사용해 설치합니다. 설치에는 시간이 걸립니다.

```
pip install requests
```

 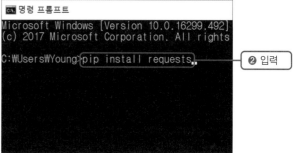

② macOS에서는 터미널을 실행합니다

[응용 프로그램] 폴더의 [유틸리티] 폴더에 있는 ❶ 터미널.app를 더블클릭합니다. 터미널이 시작되면 ❷ 다음과 같이 pip3 명령을 사용해 설치합니다. 설치에는 시간이 걸립니다.

```
pip3 install requests
```

 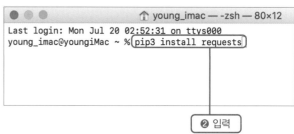

HTML 파일을 읽어 들이는 프로그램

이제 설치한 'requests'를 사용해 인터넷상의 HTML 파일을 읽어 들여 표시해 봅시다.

테스트용으로 간단한 웹 페이지를 마련했으므로 이 HTML 파일을 읽어 들이는 프로그램을 만들어 보겠습니다.

〈파이썬 2학년 테스트 페이지〉

http://python.cyber.co.kr/pds/books/python2nd/test1.html

> 이 책을 위해 마련한 웹 페이지예요!

	python.cyber.co.kr/pds/books/python2nd/test1.html	

제1장 파이썬으로 데이터를 다운로드

1. 스크래핑이 뭐지?
2. 파이썬을 설치해 보자
3. requests로 액세스해 보자

인터넷상의 웹 페이지는 'requests.get(URL)'이라는 명령으로 구할 수 있습니다. 하지만 구한 데이터에는 여러 가지 정보가 들어 있으므로 여기서 '.text'라는 문자열 데이터를 추출합니다. 또 한글이 깨지지 않도록 'response.encoding = response.apparent_encoding'이라고 지정해 둡니다.

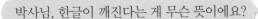

> 박사님, 한글이 깨진다는 게 무슨 뜻이에요?

그건 '한글이 제대로 표시되지 않는다는 것'이에요. 컴퓨터는 아스키 코드(ASCII 코드)라는 문자 코드로 돼 있는데, 이건 256가지의 알파벳을 사용할 수 있는 문자 코드예요.

> 한글은요?

한글은 자음과 모음을 결합해 많은 문자를 만들 수 있으므로 256가지로는 부족해요. 그래서 2~3바이트를 사용해 한 문자를 나타내는 문자 코드를 사용해요. 이런 문자 코드에는 'EUC-KR'이나 'UTF-8' 등이 있어요.

흠.

각각 장단점이 있지만, '문자를 나타내는 번호가 다르기' 때문에 다른 문자 코드로 표시하면 이상한 문자가 나와요. 하지만 'response.encoding= response.apparent_encoding'이라고 지정하면 올바르게 표시할 수 있는 문자 코드를 자동으로 선택해 주므로 안심할 수 있어요.

chap1/chap-1-1.py

```python
import requests


url = "http://python.cyber.co.kr/pds/books/python2nd/test1.html"
response = requests.get(url)                        ········· 웹 페이지를 구한다.


response.encoding = response.apparent_encoding ··············· 글자가 깨지지 않도록 한다.


print(response.text) ································· 구한 문자열 데이터를 표시한다.
```

requests.get으로 구할 수 있는 여러 가지 정보

.text	문자열 데이터
.content	바이너리 데이터
.url	액세스한 URL
.apparent_encoding	추측 가능한 인코딩 방식
.status_code	HTTP 스테이터스 코드(200은 OK, 404는 찾지 못함 등)
.headers	리스폰스 헤더

　그런데 파이썬 프로그램을 실행시키려면 앱이 필요합니다. 이 책에서는 파이썬을 설치할 때 함께 설치되는 'IDLE(아이들)'을 사용하겠습니다. 다음 항목에서 IDLE의 사용법을 살펴봅시다.

IDLE을 시작하자

IDLE은 파이썬을 간편하게 실행하기 위한 앱입니다. 시작하면 바로 사용할 수 있으므로 파이썬의 동작을 확인하거나 초보자의 학습에 적합합니다. 윈도와 macOS는 IDLE을 시작하는 절차는 다르지만, 일단 시작되면 그 다음은 똑같습니다.

①-1 윈도는 시작 메뉴에서 실행합니다

시작 메뉴에서 [Python 3.x] → ❶ [IDLE (Python 3.x 32-bit)]를 선택합니다.

시작 메뉴는 버튼을 누르면 나와요.

①-2 macOS는 [응용 프로그램] 폴더에서 실행합니다

[응용 프로그램] 폴더의 [Python 3.x] 폴더에 있는 ❶ IDLE.app를 더블클릭합니다.

macOS는 Finder에서 [응용 프로그램] 폴더를 열어요.

29

② 셸 창이 표시됩니다

IDLE을 시작하면 셸 창이 표시됩니다.

윈도의 경우

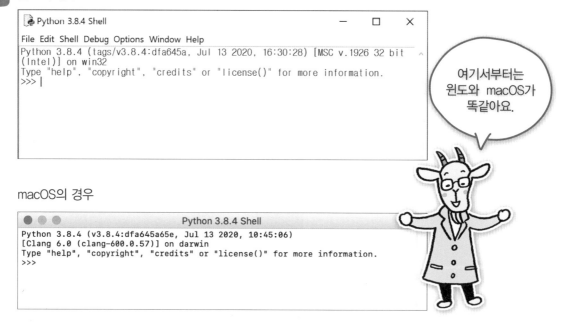

🐍 Python 3.8.4 Shell   — □ ✕

File Edit Shell Debug Options Window Help

```
Python 3.8.4 (tags/v3.8.4:dfa645a, Jul 13 2020, 16:30:28) [MSC v.1926 32 bit
(Intel)] on win32
Type "help", "copyright", "credits" or "license()" for more information.
>>> |
```

> 여기서부터는
> 윈도와 macOS가
> 똑같아요.

macOS의 경우

● ● ●   Python 3.8.4 Shell

```
Python 3.8.4 (v3.8.4:dfa645a65e, Jul 13 2020, 10:45:06)
[Clang 6.0 (clang-600.0.57)] on darwin
Type "help", "copyright", "credits" or "license()" for more information.
>>>
```

🌰 프로그램을 만들어 보자

IDLE을 시작했으면 프로그램을 파일에 써서 실행해 봅시다.

① 처음에 '새 파일'을 만드는 것부터 시작합니다

메뉴에서 [File] → ❶ [New File]을 선택합
니다.

🍎 **IDLE**	**File**	**Edit**	**Shell**	**Debug**	**Options**

```
● ● ●          New File        ⌘N  8.4 Shell
Python 3.8.4   Open...          ⌘O  2020, 10:45
[Clang 6.0 (c  Open Module...       license()"
Type "help",   Recent Files     ▶
>>>            Module Browser   ⌘B
               Path Browser

               Close            ⌘W
               Save             ⌘S
```

❶ 선택

② 프로그램을 입력하는 창이 표시됩니다

흰색 창이 표시됩니다. 여기에 프로그램을 입력합니다.

③ 프로그램을 입력합니다

다음 프로그램을 입력합니다.

chap1/chap-1-1.py

```
import requests

url = "http://python.cyber.co.kr/pds/books/python2nd/test1.html"
response = requests.get(url)················ 웹 페이지를 구한다.

response.encoding = response.apparent_encoding················ 글자가 깨지지 않도록 한다.

print(response.text)································· 구한 문자열 데이터를 표시한다.
```

④ 파일을 저장합니다

메뉴에서 [File] → [Save]를 선택합니다.

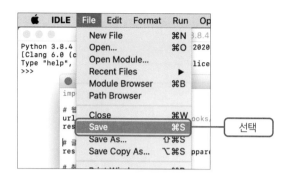

⑤ 파일명에는 확장자를 붙입니다

[Save As]에 ❶ 파일명을 입력한 후 ❷ [Save] 버튼을 클릭합니다.

파이썬 파일의 확장자는 '.py'이므로 'chap1-1.py'와 같이 파일명의 끝에 '.py'를 붙입니다.

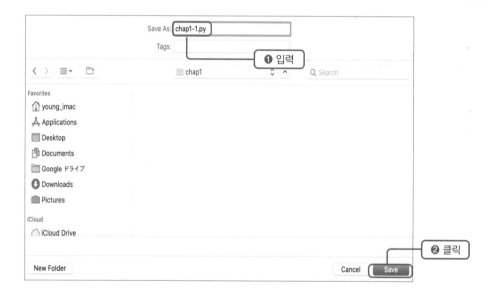

⑥ 이제 프로그램을 실행합니다

메뉴에서 [Run] → [Run Module]을 선택합니다. 그러면 웹 서버에서 구한 HTML 파일의 내용이 표시됩니다.

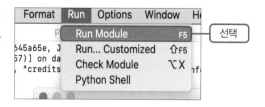

```
Python 3.8.4 Shell
Python 3.8.4 (v3.8.4:dfa645a65e, Jul 13 2020, 10:45:06)
[Clang 6.0 (clang-600.0.57)] on darwin
Type "help", "copyright", "credits" or "license()" for more information.
>>>
======== RESTART: /Users/young_imac/Desktop/ko_sample/chap1/chap1-1.py ========
<!DOCTYPE html>

<html>

        <head>

                <meta charset="UTF-8">

                <title>파이썬 2학년</title>

        </head>

        <body>

                <h2>제1장 파이썬으로 데이터를 다운로드</h2>

                <ol>

                        <li>스크래핑이 뭐지?</li>

                        <li>파이썬을 설치해 보자</li>

                        <li>requests로 액세스해 보자</li>

                </ol>

        </body>

</html>
>>>
```

나왔다!
이게 웹 페이지의
데이터구나.

출력 결과

```
<!DOCTYPE html>

<html>

    <head>

        <meta charset="UTF-8">

        <title>파이썬 2학년</title>

    </head>

    <body>

        <h2>제1장 파이썬으로 데이터를 다운로드</h2>

        <ol>

            <li>스크래핑이 뭐지?</li>

            <li>파이썬을 설치해 보자</li>

            <li>requests로 액세스해 보자</li>

        </ol>

    </body>

</html>
```

웹 브라우저는 이 데이터를 사용해 표시하는 거예요.

인터넷 뒤편에 좀 더 다가간 것 같아요.

텍스트 파일에 쓰기: open, close

인터넷에 있는 HTML 파일을 읽어 들였으면 이를 컴퓨터에 저장해 봅시다. 파일을 쓰는 명령을 사용합니다.

형식: 파일 쓰기(open, close)

```
f = open(filename, mode="w")  ················ 파일을 쓰기 모드로 연다.
f.write(쓸 내용) ································ 데이터를 쓴다.
f.close() ······································ 파일을 닫는다.
```

'open(파일명, mode="w")'을 사용해 파일을 쓰기 모드로 연 후 'f.write(쓸 내용)'을 사용해 데이터를 쓰고 처리가 끝나면 'close()'로 닫습니다.

chap1/chap1-2.py

```
import requests

url = "http://python.cyber.co.kr/pds/books/python2nd/test1.html"
response = requests.get(url) ·············· 웹 페이지를 구한다.

response.encoding = response.apparent_encoding ··············· 글자가 깨지지 않도록 한다.

filename = "download.txt"
f = open(filename, mode="w") ·············· 파일을 쓰기 모드로 연다.

f.write(response.text) ·············· 인터넷에서 구한 데이터를 쓴다.

f.close() ······································ 마지막에 파일을 닫는다.
```

실행하면 'download.txt'라는 텍스트 파일이 만들어집니다. 이 파일 안에는 조금 전에 보여 준 웹 페이지의 데이터가 저장돼 있습니다.

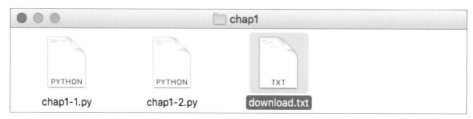

파일을 open으로 열 때는 쓰기 모드 외에 다양한 모드를 지정할 수 있습니다.

다양한 open 모드

"r"	읽기용(기본값)
"w"	쓰기용
"a"	추가 쓰기용
"t"	텍스트 모드(기본값)
"b"	바이너리 모드

텍스트 파일에 쓰기: with문

파일을 열고 닫는 것은 반드시 함께 일어나므로 다음과 같이 with문으로 생략해 쓸 수도 있습니다.

형식: 파일 쓰기(with문)

```
with open(파일명, mode="w") as f:·········· 파일을 쓰기 모드로 연다.
    f.write(쓸 내용)································ 데이터를 쓴다.
```

'with as'로 파일을 열고 '열었을 때 할 일'을 들여쓰기(인덴트)해 쓰기만 하면 됩니다. 'close()'를 쓰지 않아도 되므로 파일을 닫지 않았을 때의 오류도 발생하지 않습니다. 또 어떤 처리를 하고 있는지도 들여쓰기 부분만을 보면 쉽게 알 수 있습니다.

with문을 사용해 인터넷에서 읽어 들인 데이터를 파일로 써 봅시다.

chap1/chap1-3.py

```
import requests

url = "http://python.cyber.co.kr/pds/books/python2nd/test1.html"
response = requests.get(url)····································· 웹 페이지를 구한다.

response.encoding = response.apparent_encoding ·········· 글자가 깨지지 않도록 한다.

filename = "download.txt"
with open(filename, mode="w") as f:···························· 파일을 쓰기 모드로 연다.
    f.write(response.text) ································· 인터넷에서 구한 데이터를 쓴다.
```

실행하면 chap1-2.py와 똑같이 'download.txt'라는 텍스트 파일이 만들어집니다.

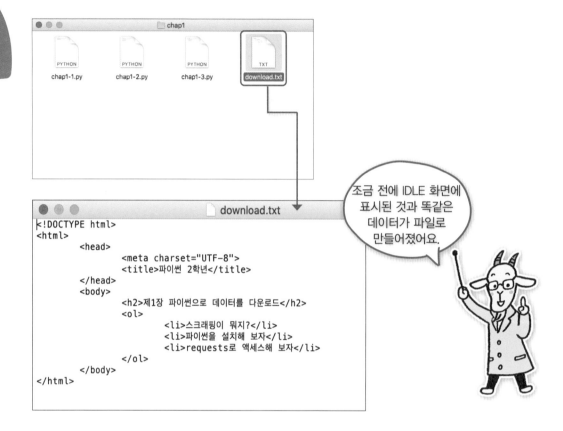

조금 전에 IDLE 화면에 표시된 것과 똑같은 데이터가 파일로 만들어졌어요.

 와~! 파일이 생겼어요. 열었더니 내용이 제대로 들어 있어요!

 인터넷 데이터를 읽어 들이고 파일로 썼으므로 파이썬으로 인터넷 데이터를 다운로드한 셈이에요.

 프로그램 안의 URL을 바꾸면 다른 웹 페이지 데이터도 다운로드 할 수 있어요?

 물론이죠. 다양한 페이지를 열어 보세요. 하지만 일반 페이지는 좀 더 복잡한 데이터로 돼 있어서 파일 용량이 커질 수 있으니 주의 하세요.

제 2 장

HTML을 해석해 보자

2장에서 할 일

Beautiful Soup를
설치하자.

HTML을
해석해 보자.

최신 뉴스 기사 목록을
구해 보자.

링크 목록을
파일로 가져오자.

링크1
http://python.cyber.co.kr/pds/books/python2nd/test1.html
링크2
http://python.cyber.co.kr/pds/books/python2nd/test3.html

이미지를 한꺼번에 다운로드하자.

39

LESSON

04

HTML을 해석해 보자

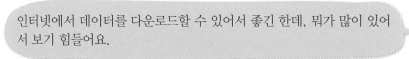

이제 HTML을 해석해 보겠습니다. 여기서 해석이란 뭘 말하는 걸까요?

인터넷에서 데이터를 다운로드할 수 있어서 좋긴 한데, 뭐가 많이 있어서 보기 힘들어요.

그건 HTML 데이터라서 그래요. 웹 페이지는 '타이틀'이나 '제목', '이미지'와 같은 다양한 요소로 이뤄져 있어요.

다양한 부품으로 이뤄져 있다는 말이군요.

그 요소 하나하나는 태그(<태그명>)라고 하는 기호로 둘러싸 표현하고 있어요. 그래서 뭔가가 많이 있는 것처럼 보이는 거예요. 하지만 태그가 있기 때문에 이런 요소를 찾아 꺼낼 수 있어요.

간단히 말하면 찾아내는 데 힘이 든다는 거군요.

그래서 우리는 'Beautiful Soup'이라는 라이브러리를 사용할 거예요. HTML을 건네 주면 필요한 요소 데이터를 알아서 꺼내 줘요.

뷰티풀 수프?

이 라이브러리 이름은 '이상한 나라의 앨리스'에 나오는 시에서 유래했다고 하는데, '다양한 요소가 들어 있는 HTML 수프 속에서 원하는 맛있는 요소를 찾아 주는 기능'이라고 할 수 있어요.

제가 좋아하는 수프는 단호박 포타주 수프예요.

Beautiful Soup 설치하기

'BeautifulSoup'는 HTML을 간단히 해석할 수 있는 라이브러리입니다. 외부 라이브러리이기 때문에 다음 순서대로 설치해야 합니다. 좀 더 자세한 설명은 1장의 '라이브러리 설치 방법'을 참고하기 바랍니다.

① 윈도에 설치할 때는 명령줄을 사용한다

```
pip install beautifulsoup4
```

② macOS에 설치할 때는 터미널을 사용한다

```
pip3 install beautifulsoup4
```

Beautiful Soup로 해석하기

BeautifulSoup를 사용할 때는 먼저 라이브러리를 임포트(import)합니다. BeautifulSoup는 'bs4'라는 패키지에 들어 있으므로 'from bs4 import BeautifulSoup'이라고 지정해 사용합니다.

해석을 하려면 1장에서 한 것처럼 requests를 사용해 인터넷에서 웹 페이지를 구합니다. 그다음 HTML 데이터(.content)를 'BeautifulSoup(HTML 데이터, "html.parser")'에 전달합니다. 이것으로 해석이 완료됩니다.

HTML 해석하기

```
from bs4 import BeautifulSoup ·················· 임포트한다.
soup = BeautifulSoup(html.content, "html.parser") ······ HTML을 해석한다.
```

1장에서 준비한 'test1.html'을 읽어 들여 해석해 봅시다. 제대로 읽어 들였는지는 되돌아온 값을 표시해 확인합시다.

chap2/chap2-1.py

```python
import requests
from bs4 import BeautifulSoup

# 웹 페이지를 구해 해석한다.
load_url = "http://python.cyber.co.kr/pds/books/python2nd/test1.html"
html = requests.get(load_url)
soup = BeautifulSoup(html.content, "html.parser")

# HTML 전체를 표시한다.
print(soup)
```

출력 결과

```
<!DOCTYPE html>

<html>
<head>
<meta charset="utf-8"/>
<title>Python 2학년</title>
</head>
<body>
<h2>제1장 파이썬으로 데이터를 다운로드</h2>
<ol>
<li>스크래핑이 뭐지?</li>
<li>파이썬을 설치해 보자</li>
<li>requests로 액세스해 보자</li>
</ol>
</body>
</html>
```

잘 만들어 졌을까?

읽어 들인 HTML이 그대로 표시되는 것처럼 보이지만, 이것이 해석한 후의 상태입니다. 여기서 여러 요소를 꺼내 봅시다.

 태그를 찾아 표시하기

이제 요소를 찾아 꺼내 봅시다. 검색은 '태그명을 지정'하기만 하면 됩니다. 'soup.find("태그명")'이라고 명령합시다. 이는 지정한 태그 요소를 하나 발견해 꺼내는 명령입니다.

LESSON 04

형식: 태그를 찾아 요소 꺼내기

요소 = soup.find("태그명")

```
<!DOCTYPE html>
<html>
    <head>
        <meta charset="utf-8"/>
        <title>파이썬2학년</title>                          →  soup.find("title")
    </head>
    <body>
        <h2>제1장 파이썬으로 데이터를 다운로드</h2>          →  soup.find("h2")
        <ol>
            <li>스크래핑이 뭐지?</li>                        →  soup.find("li")
            <li>파이썬을 설치해 보자</li>
            <li>requests로 액세스해 보자</li>
        </ol>
    </body>
</html>
```

title 태그, h2 태그, li 태그를 검색해 표시하여 봅시다.

chap2/chap2-2.py

```python
import requests
from bs4 import BeautifulSoup

# 웹 페이지를 구해 해석한다.
load_url = "http://python.cyber.co.kr/pds/books/python2nd/test1.html"
html = requests.get(load_url)
soup = BeautifulSoup(html.content, "html.parser")

# title, h2, li 태그를 검색해 표시한다.
print(soup.find("title"))
print(soup.find("h2"))        ················· 태그를 검색해 표시한다.
print(soup.find("li"))
```

출력 결과

```
<title>파이썬 2학년</title>

<h2>제1장 파이썬으로 데이터를 다운로드</h2>

<li>스크래핑이 뭐지?</li>
```

요소가 3개 표시됐습니다. 그런데 지금은 태그가 붙어 있는 상태이므로 여기서 다시 문자열만 꺼내 봅시다. 문자열을 꺼내려면 마지막에 '.text'를 붙입니다.

chap2/chap2-3.py

```python
import requests
from bs4 import BeautifulSoup

# 웹 페이지를 구해 해석한다.
load_url = "http://python.cyber.co.kr/pds/books/python2nd/test1.html"
html = requests.get(load_url)
soup = BeautifulSoup(html.content, "html.parser")

# title, h2, li 태그를 검색하고 문자열을 표시한다.
print(soup.find("title").text)
print(soup.find("h2").text)
print(soup.find("li").text)
```

·········· .text를 추가한다.

출력 결과

```
파이썬 2학년
제1장 파이썬으로 데이터를 다운로드
스크래핑이 뭐지?
```

이와 같이 지정한 태그로 된 문자열을 웹 페이지에서 꺼낼 수 있습니다.

모든 태그를 찾아 표시하기

.find("태그명")을 사용하면 요소를 발견할 수 있지만, 이때는 최초로 발견한 요소 하나만 구하게 됩니다. 일반적인 웹 페이지에는 요소가 더 많이 들어 있습니다. 이번에는 '모든 요소'를 찾아봅시다. 테스트용으로 요소를 좀 더 추가한 'test2.html'을 마련했습니다.

test2.html

LESSON
04

```html
<!DOCTYPE html>
<html>
    <head>
        <meta charset="UTF-8">
        <title>파이썬 2학년</title>
    </head>
    <body>
        <div id="chap1">
            <h2>제1장 파이썬으로 데이터를 다운로드</h2>
            <ol>
                <li>스크래핑이 뭐지?</li>
                <li>파이썬을 설치해 보자</li>
                <li>requests로 액세스해 보자</li>
            </ol>
        </div>
        <div id="chap2">
            <h2>제2장 HTML을 해석해 보자</h2>
            <ol>
                <li>HTML을 해석해 보자</li>
                <li>최신 뉴스 목록을 구해 보자</li>
                <li>링크 목록을 파일로 출력해 보자</li>
                <li>이미지를 한꺼번에 다운로드해 보자</li>
            </ol>
        </div>

        <a href="http://python.cyber.co.kr/pds/books/python2nd/test1.
html">링크1</a>
        <a href="./test3.html">링크2</a><br/>
```

```
        <img src="http://python.cyber.co.kr/pds/books/python2nd/
    sample1.png">
        <img src="./sample2.png">
        <img src="./sample3.png">
    </body>
</html>
```

이 'test2.html'은 웹상에 있는데, 접속하면 다음과 같이 표시됩니다. 이 HTML을 스크래핑해 봅시다.

〈파이썬 2학년 테스트용 페이지〉

http://python.cyber.co.kr/pds/books/python2nd/test2.html

제1장 파이썬으로 데이터를 다운로드

1. 스크래핑이 뭐지?
2. 파이썬을 설치해 보자
3. requests로 액세스해 보자

제2장 HTML을 해석해 보자

1. HTML을 해석해 보자
2. 최신 뉴스 목록을 구해 보자
3. 링크 목록을 파일로 출력해 보자
4. 이미지를 한꺼번에 다운로드해 보자

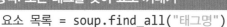 링크1 링크2

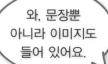

와, 문장뿐 아니라 이미지도 들어 있어요.

모든 요소를 찾을 때는 'soup.find_all("태그명")'을 사용합니다. 태그를 모두 검색해 찾아낸 요소를 목록 형식으로 반환해 줍니다. for문을 사용하면 목록의 내용을 하나씩 꺼낼 수 있습니다.

형식: 모든 태그를 찾아 요소 꺼내기

```
요소 목록 = soup.find_all("태그명")
```

```
<!DOCTYPE html>
<html>
    <head>
        <meta charset="UTF-8">
        <title>파이썬 2학년</title>
    </head>
    <body>
        <div id="chap1">
            <h2>제1장 파이썬으로 데이터를 다운로드</h2>
            <ol>
                <li>스크래핑이 뭐지?</li>
                <li>파이썬을 설치해 보자</li>
                <li>Requests로 액세스해 보자</li>
            </ol>
        </div>
        <div id="chap2">
            <h2>제2장 HTML을 해석해 보자</h2>
            <ol>
                <li>HTML을 해석해 보자</li>
                <li>최신 뉴스 목록을 구해 보자</li>
                <li>링크 목록을 파일로 출력해 보자</li>
                <li>이미지를 한꺼번에 다운로드해 보자</li>
            </ol>
        </div>
        …중략…
    </body>
</html>
```

```
soup.find_all("li")
```

이제 웹 페이지에서 모든 li 태그를 찾아 표시해 봅시다.

chap2/chap2-4.py

```python
import requests
from bs4 import BeautifulSoup

# 웹 페이지를 구해 해석한다.
load_url = "http://python.cyber.co.kr/pds/books/python2nd/test2.html"
html = requests.get(load_url)
soup = BeautifulSoup(html.content, "html.parser")

# 모든 li 태그를 검색하고 그 문자열을 표시한다.
for element in soup.find_all("li"):        ············ 모든 li 태그를 검색해 표시한다.
    print(element.text)
```

출력 결과

스크래핑이 뭐지?

파이썬을 설치해 보자

requests로 액세스해 보자

HTML을 해석해 보자

최신 뉴스 목록을 구해 보자

링크 목록을 파일로 출력해 보자

이미지를 한꺼번에 다운로드해 보자

웹 페이지 안의 모든 li 태그로 된 문자열이 표시됐지요?

와, 대단해요. 모든 항목이 한꺼번에 나오네요. 근데 어디가 1장이고 어디가 2장인지 모르겠네요.

그렇죠? 하지만 예를 들어 '2장의 항목이 뭔지' 조사하고 싶은 경우에는 쓸 데 없는 정보도 들어가요.

기능은 편리한데, 섞여버리면 곤란할 것 같아요.

그럴 때는 검색 범위를 좁히면 돼요.

검색 범위를 좁혀요?

조금 전에는 '페이지 안의 모든 li 태그'를 검색했지만 '페이지 안의 모든'이 아니라 '2장의 요소'로 좁히면 '2장의 항목만' 꺼낼 수 있어요.

'어디 안을 볼지'를 가르쳐 주면 되는 거네요.

id나 class로 검색 범위 좁히기

웹 페이지는 많은 요소로 이뤄져 있습니다. 이때 '어떤 요소인지'를 구분하기 쉽도록 하려면 'id 속성'이나 'class 속성'을 사용해 고유한 이름을 붙여야 합니다.

예를 들어 'tes t2.html'에서는 1장에는 `<div id="chap1">`, 2장에는 `<div id="chap2">`와 같이 id 속성에 고유한 이름을 붙여 구분하고 있습니다.

```
<!DOCTYPE html>
<html>
    <head>
        <meta charset="UTF-8">
        <title>파이썬 2학년</title>
    </head>
    <body>
        <div id="chap1">
            <h2>제1장 파이썬으로 데이터를 다운로드</h2>
            <ol>
                <li>스크래핑이 뭐지?</li>                        →  <div id="chap1">
                <li>파이썬을 설치해 보자</li>
                <li>Requests로 액세스해 보자</li>
            </ol>
        </div>
        <div id="chap2">
            <h2>제2장 HTML을 해석해 보자</h2>
            <ol>
                <li>HTML을 해석해 보자</li>
                <li>최신 뉴스 목록을 구해 보자</li>                →  <div id="chap2">
                <li>링크 목록을 파일로 출력해 보자</li>
                <li>이미지를 한꺼번에 다운로드해 보자</li>
            </ol>
        </div>
        …중략…
    </body>
</html>
```

Beautiful Soup에서는 이 'id 속성'이나 'class 속성'의 이름으로 범위를 좁혀 검색할 수 있습니다.

형식: id로 검색해 요소 꺼내기

요소= soup.find(id="id명")

형식: class로 검색해 요소 꺼내기

요소 = soup.find(class_="class명")

※ 'class'는 파이썬의 예약어이기 때문에 사용할 수 없습니다. 따라서 'class_'라고 써야 합니다.

```
<!DOCTYPE html>
<html>
    <head>
        <meta charset="UTF-8">
        <title>파이썬 2학년</title>
    </head>
    <body>
        <div id="chap1">
            <h2>제1장 파이썬으로 데이터를 다운로드</h2>
            <ol>
                <li>스크래핑이 뭐지?</li>
                <li>파이썬을 설치해 보자</li>
                <li>Requests로 액세스해 보자</li>
            </ol>
        </div>
        <div id="chap2">
            <h2>제2장 HTML을 해석해 보자</h2>
            <ol>
                <li>HTMLL을 해석해 보자</li>
                <li>최신 뉴스 목록을 구해 보자</li>
                <li>링크 목록을 파일로 출력해 보자</li>
                <li>이미지를 한꺼번에 다운로드해 보자</li>
            </ol>
        </div>
        …중략…
    </body>
</html>
```

soup.find(id="chap2")

MEMO **id 속성과 class 속성**

id 속성과 class 속성은 '요소를 다른 요소와 구분한다'는 기능으로는 비슷하지만, 다음과 같은 차이가 있습니다.

id 속성
페이지 안에 하나밖에 없는 요소에 사용합니다. 따라서 하나의 HTML 페이지 안에 같은 이름은 사용할 수 없습니다.

class 속성
동일한 디자인 요소에 사용합니다. 한 페이지 안에 동일한 디자인 요소가 여러 개 있는 경우가 있으므로 하나의 HTML 페이지 안에 동일한 이름을 여러 개 사용할 수 있습니다. 한 HTML 파일 안에 하나만 사용하는 경우도 있습니다.

먼저 '2장의 요소'를 구해 봅시다. 2장은 '`<div id="chap2">`'이므로 id가 'chap2'인 요소를 검색합니다.

chap2/chap2-5.py

```python
import requests
from bs4 import BeautifulSoup

# 웹 페이지를 구해 해석한다.
load_url = "http://python.cyber.co.kr/pds/books/python2nd/test2.html"
html = requests.get(load_url)
soup = BeautifulSoup(html.content, "html.parser")

# ID로 검색해 그 태그의 내용을 표시한다.
chap2 = soup.find(id="chap2")
print(chap2)
```

└┄┄┄┄┄ id가 'chap2'인 범위를 검색해 표시한다.

출력 결과

```
<div id="chap2">

<h2>제2장 HTML을 해석해 보자</h2>

<ol>

<li>HTML을 해석해 보자</li>

<li>최신 뉴스 목록을 구해 보자</li>

<li>링크 목록을 파일로 출력해 보자</li>

<li>이미지를 한꺼번에 다운로드해 보자</li>

</ol>

</div>
```

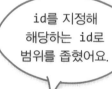

id를 지정해 해당하는 id로 범위를 좁혔어요.

2장의 요소를 구한 것을 알 수 있습니다. 이렇게 검색 범위를 좁힐 수 있습니다. 이번에는 이 요소에 대해 `li` 태그를 모두 찾아봅시다.

chap2/chap2-6.py

```python
import requests
from bs4 import BeautifulSoup

# 웹 페이지를 구해 해석한다
load_url = "http://python.cyber.co.kr/pds/books/python2nd/test2.html"
html = requests.get(load_url)
soup = BeautifulSoup(html.content, "html.parser")

# ID로 검색한 후 그 안의 모든 li 태그를 검색해 표시한다.
chap2 = soup.find(id="chap2")            ·········· id가 'chap2'인 범위를 검색한다.
for element in chap2.find_all("li"):
    print(element.text)                  ·········· 그 안의 li 태그로 된 문자열을 검색한다.
```

출력 결과

문자열만 나오니
깔끔하네요.

HTML을 해석해 보자

최신 뉴스 목록을 구해 보자

링크 목록을 파일로 출력해 보자

이미지를 한꺼번에 다운로드해 보자

이것으로 '2장의 항목만 모두 추출'할 수 있습니다.

최신 뉴스 기사 목록을 구해 보자

실제 뉴스 페이지의 구조를 조사해 최신 뉴스 목록을 꺼내 봅시다.

샘플 말고 슬슬 진짜 페이지로 시험해 보고 싶어요.

그럼 뉴스 페이지를 읽어 들여 최신 뉴스 목록을 표시해 볼까요?

재미있겠다~. 파이썬이니까 IT 정보 뉴스가 어때요?

이제 'Daum IT 관련 뉴스 목록'을 구해 표시하여 봅시다.

〈IT 뉴스 – Daum 뉴스〉
https://news.daum.net/issue/512957

즐겨 보고 있어요.

디벨로퍼 툴을 사용해 범위를 좁히자

뉴스 페이지는 태그가 매우 많기 때문에 필요한 요소를 찾기 힘듭니다. 따라서 가장 먼저 웹 브라우저의 기능을 사용해 범위를 좁혀야 합니다.

이 책에서는 구글 크롬을 사용합니다(웹 브라우저에 따라 사용법이 다르지만, 다른 웹 브라우저에도 똑같은 기능이 있습니다).

① 디벨로퍼 툴을 표시한다

구글 크롬으로 URL을 연 후 ❶ 오른쪽 위에 있는 [⋮] 버튼을 클릭하고 ❷ [도구 더보기] → ❸ [개발자 도구]를 선택하면 오른쪽에 개발자 툴이 나타납니다.

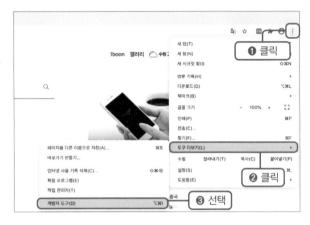

② 처리할 HTML을 조사한다

개발자 툴에 있는 ❶ [Select] 버튼을 클릭한 후 마우스 커서를 왼쪽에 나타나는 페이지 위에 올려놓으면, 범위가 이동에 맞춰 선택되고 오른쪽에는 그에 대응하는 태그 색이 바뀝니다. ❷ 제목 목록 범위를 클릭합니다. ❸ 목적하는 요소가 어떤 태그로 표시되는지 알 수 있습니다.

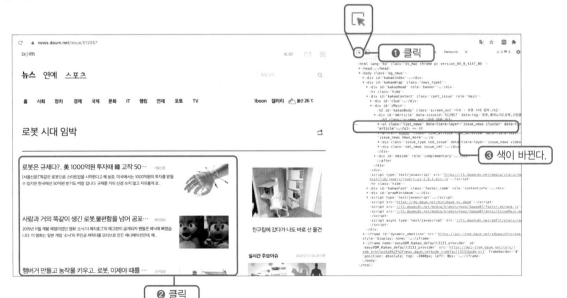

③ 더 아래 계층으로 내려간다

범위를 좀 더 좁히고 싶을 때는 오른쪽에 있는 색이 바뀐 태그에서 ❶ ▼을 클릭하면 태그가 펼쳐집니다. 더 아래에 있는 태그를 열어 필요한 태그를 찾기 바랍니다.

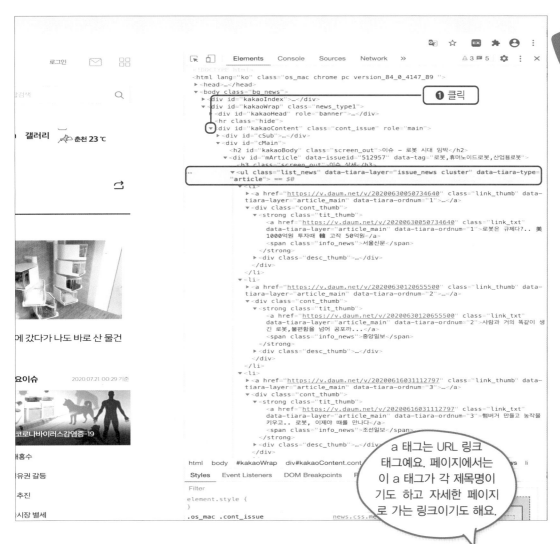

LESSON 05

'주요 이슈 목록'은 `<ul class="list_news">` 요소로 표시된다는 것을 알 수 있습니다. 이제 범위를 'find(class_="list_news")'로 좁히고 그 안에 있는 a 태그를 모두 검색해 표시하여 봅시다.

chap2/chap2-7.py

```python
import requests
from bs4 import BeautifulSoup

# 웹 페이지를 구해 해석한다.
load_url = "https://news.daum.net/issue/512957"
html = requests.get(load_url)
soup = BeautifulSoup(html.content, "html.parser")

# class로 검색하고 그 안에 있는 모든 a 태그를 검색해 표시한다.
topic = soup.find(class_="list_news")  ············· class로 검색한다.
for element in topic.find_all("a"):
                                         ·················· 그 안의 a 태그를 모두 표시한다.
    print(element.text)
```

출력 결과

로봇은 규제다?.. 美 1000억원 투자 때 韓 고작 50억 원

사람과 거의 똑같이 생긴 로봇, 불편함을 넘어 공포까...

햄버거 만들고 농작물 키우고.. 로봇, 이제야 때를 만나다

AI 로봇에 감탄한 文 '데이터 뉴딜' 승부수..네이버, 핵심 파…

카메라 업고 비행한 딱정벌레

실직 경험하고 재택근무하고..삶을 뒤바꾼 코로나 6개월

한성숙이 밝힌 '데이터센터'의 미래..' 서민 돕는 똑똑한 데이…

(…생략…)

※ 이 책의 집필 시점 정보입니다.

됐다! IT 정보 제목 목록이 표시됐어요. 이거 내일 실행하면 내용이 바뀌지요?

링크 목록을
파일로 출력해 보자

페이지 안의 모든 링크를 검색하고 그 결과를 링크 목록으로 하여 파일에
출력해 봅시다.

다음은 '페이지 안의 모든 링크'를 검색해 볼까요? 그리고 검색 결과
를 링크 목록으로 파일에 출력해 봐요.

'링크 목록 자동 작성 프로그램'이 되겠네요. 조금 필요할지도 몰라요.

🌰 모든 링크 태그의 href 속성 표시하기

먼저 'test2.html' 페이지 안에 있는 링크 목록을 구해 봅시다.

모든 링크, 즉 모든 a 태그를 검색합니다. 문자열의 경우는 '.text'로 추출할 수 있지만, 링크의 URL
은 태그 안에 'href="URL"'로 쓰여 있습니다. 이것을 추출하려면 '.get(속성명)'을 사용합니다. 또
img 태그인 'src="URL"'을 추출할 때도 '.get(속성명)'을 사용합니다.

형식: 요소의 속성값 추출하기

```
값 = 요소.get("속성명")
```

```
<a href="http://python.cyber.co.kr/pds/books/python2nd/test1.html"> 링크1</a>
<a href="./test3.html"> 링크2</a><br/>
```

element.get ("href")	element.get ("href")

```
<img src="http://python.cyber.co.kr/pds/books/python2nd/sample1.png"> 링크1</a>
<img src="./sample2.png">
```

element.get ("src")	element.get ("src")

'모든 a 태그'는 `for element in soup.find_all("a"):`를 사용해 하나씩 추출합니다. 이 문자열과 링크를 표시해 봅시다. 링크는 요소의 href 속성값이므로 `url = element.get("href")`라고 지정하면 추출할 수 있습니다.

chap2/chap2-8.py

```python
import requests
from bs4 import BeautifulSoup

# 웹 페이지를 구해 해석한다.
load_url = "http://python.cyber.co.kr/pds/books/python2nd/test2.html"
html = requests.get(load_url)
soup = BeautifulSoup(html.content, "html.parser")

# 모든 a 태그를 검색하고 링크를 표시한다.
for element in soup.find_all("a"):                   모든 a 태그를 검색한다.
    print(element.text)
    url = element.get("href")                        href 속성을 추출한다.
    print(url)
```

출력 결과

절대 URL과 상대 URL의 차이와 이용 방법을 알아 둡시다!

```
링크1
http://python.cyber.co.kr/pds/books/python2nd/test1.html············ 절대 URL
링크2
./test3.html···················· 상대 URL
```

'test2.html'에는 링크가 2개 있기 때문에 2개가 표시됐지만, 이 둘은 좀 다릅니다. 링크1은 일반 URL로 이뤄져 있습니다. 그대로 입력하면 접속할 수 있는 '절대 URL'입니다. 이에 반해 링크2는 조금 짧은데, 이는 '이 페이지에서 봤을 때 어디에 있는지'를 나타내는 '상대 URL'입니다. '절대 URL'은 그대로 URL로 사용할 수 있지만, '상대 URL'은 그대로 사용할 수 없습니다. '상대 URL'을 '절대 URL'로 변환해 봅시다.

모든 링크 태그의 href 속성을 절대 URL로 표시하기

'상대 URL'을 '절대 URL'로 변환하려면 'urllib 라이브러리'의 'parse.urljoin(페이지 URL, 조사할 URL)'을 사용해야 합니다.

페이지 URL(어느 페이지에서 본 URL인지)과 조사할 URL을 전달합니다. '조사할 URL'이 절대 URL 이라면 '그 URL'을 반환하고 상대 URL이라면 '페이지 URL을 붙인 절대 URL'을 반환합니다. urllib를 임포트해 URL 변환 처리를 추가해 봅시다.

LESSON
06

chap2/chap2-9.py

```python
import requests
from bs4 import BeautifulSoup
import urllib

# 웹 페이지를 구해 해석한다.
load_url = "http://python.cyber.co.kr/pds/books/python2nd/test2.html"
html = requests.get(load_url)
soup = BeautifulSoup(html.content, "html.parser")

# 모든 a 태그를 검색하고 링크를 절대 URL로 표시한다.
for element in soup.find_all("a"):
    print(element.text)
    url = element.get("href")
    link_url = urllib.parse.urljoin(load_url, url)             ………… 절대 URL을 구한다.
    print(link_url)
```

절대 URL만
표시됐어요!

출력 결과

```
링크1
http://python.cyber.co.kr/pds/books/python2nd/test1.html
링크2
http://python.cyber.co.kr/pds/books/python2nd/test3.html
```

둘 다 절대 URL로 표시됐으므로 이를 링크 목록으로 사용할 수 있습니다.

링크 목록 자동 작성 프로그램

마지막으로 이 목록을 파일에 써 봅시다. 저장할 파일명을 정한 후에(예: linklist.txt) 파일을 쓰기 모드로 열고 검색 결과가 나올 때마다 '.write(값)'을 사용해 추가합니다. 단, 이대로 쓰면 모든 링크가 한 줄로 연결돼 버리므로 줄 바꿈 코드를 넣어 써 갑니다. 줄 바꿈 코드는 '\n'입니다.

chap2/chap2-10.py

```python
import requests
from bs4 import BeautifulSoup
import urllib

# 웹 페이지를 구해 해석한다.
load_url = "http://python.cyber.co.kr/pds/books/python2nd/test2.html"
html = requests.get(load_url)
soup = BeautifulSoup(html.content, "html.parser")

# 파일을 쓰기 모드로 연다.
filename = "linklist.txt"
with open(filename, "w") as f:                              ·········· 파일을 연다.
    # 모든 a 태그를 검색하고 링크를 절대 URL로 표시한다.
    for element in soup.find_all("a"):
        url = element.get("href")
        link_url = urllib.parse.urljoin(load_url, url)
        f.write(element.text+"\n")                      ·········· 파일을 기록한다.
        f.write(link_url+"\n")
        f.write("\n")
```

출력 결과 linklist.txt

```
링크1
http://python.cyber.co.kr/pds/books/python2nd/test1.html
링크2
http://python.cyber.co.kr/pds/books/python2nd/test3.html
```

실행하면 링크 목록 파일인 'linklist.txt'가 만들어집니다. 텍스트 편집기에서 열면 링크 정보가 나열돼 있는 것을 알 수 있습니다.

이미지를 한꺼번에 다운로드해 보자

페이지에 사용되고 있는 이미지 파일을 조사해 자동으로 모두 다운로드해 봅시다.

이제 '페이지 안의 이미지를 한꺼번에 다운로드하는 프로그램'을 만들어 봅시다.

이것도 제가 원하던 거예요. '모든 이미지를 찾는 것'이므로 앞의 것과 느낌이 비슷할 것 같네요.

이미지의 URL을 검색하는 부분까지는 똑같아요. 하지만 이 URL을 사용해 여러 개의 이미지 파일을 다운로드하기 때문에 조금 달라요.

이미지 파일을 읽어 들여 저장하기

먼저 이미지 파일을 하나만 다운로드하는 테스트 프로그램을 만들어 봅시다. 이 책의 테스트 페이지에서 다음 URL에 있는 샘플 이미지를 다운로드하겠습니다.

테스트 페이지의 샘플 이미지

http://python.cyber.co.kr/pds/books/python2nd/sample1.png

requests를 사용해 인터넷에서 데이터를 구하고 파일에 쓰기만 하면 다운로드할 수 있습니다. 단, 이미지는 바이너리 파일이기 때문에 파일을 열 때 'mode="wb"'라고 지정해야 합니다.

형식: 이미지 파일로 쓰기

```python
imgdata = requests.get(이미지 URL)
with open(파일명, mode="wb") as f:
    f.write(imgdata.content)
```

저장할 때는 파일명이 필요하므로 URL에서 파일명을 추출합니다. 먼저 URL을 '/'로 구분해 리스트로 나눕니다. 이렇게 분리된 URL 중 가장 마지막에 있는 값이 파일명입니다. 따라서 'filename = image_url.split("/})[-1]'로 지정해 파일명을 추출해야 합니다. 리스트에서 [-1]은 '뒤에서 첫 번째'를 나타내기 때문에 가장 마지막에 있는 값을 지정할 수 있습니다.

> 리스트의 인덱스는 보통 맨 앞이 '0'부터 시작해 '1', '2'와 같이 앞에서부터 번호를 세지만, 마이너스 값을 지정하면 뒤에서부터 번호를 세요.

```
http://python.cyber.co.kr/pds/books/python2nd/sample1.png
```

```
split("/")
```

http:		python.cyber.co.kr	pds	books	python2nd	sample1.png
[-7]	[-6]	[-5]	[-4]	[-3]	[-2]	[-1]
[0]	[1]	[2]	[3]	[4]	[5]	[6]

chap2/chap2-11.py

```python
import requests

# 이미지 파일을 구한다.
image_url = "http://python.cyber.co.kr/pds/books/python2nd/sample1.png"
imgdata = requests.get(image_url)

# URL에서 마지막에 있는 파일명을 추출한다.
filename = image_url.split("/")[-1]················· 파일명을 구한다.

# 이미지 데이터를 파일에 쓴다.
with open(filename, mode="wb") as f:················· 바이너리 쓰기 모드로 연다.
    f.write(imgdata.content) ················· 이미지 데이터를 쓴다.
```

실행하면 'sample1.png'라는 이미지 파일이 만들어집니다.

출력 결과

유령이 나왔다!

sample1.png

 # 다운로드용 폴더를 만들어 저장하기

다음은 여러 개의 이미지 파일을 다운로드하는 테스트 프로그램을 만들어 봅시다. 다운로드용 폴더를 만든 후 여기에 저장하겠습니다.

컴퓨터에 폴더를 만든 후 이 폴더에 액세스하려면 'Path'를 사용해야 합니다. Path는 표준 라이브러리로, pathlib라는 패키지에 들어 있으므로 'from pathlib import Path'로 지정하기만 하면 임포트할 수 있습니다.

폴더명을 지정해 Path를 만든 후 '.mkdir(exist_ok=True)'라고 명령하면 폴더가 만들어집니다. 또 이 폴더 안의 파일에 액세스할 때는 '폴더.joinpath("파일명"})'과 같이 폴더와 파일명을 연결하기만 하면 액세스할 수 있는 패스를 만들 수 있습니다. 이 패스에 이미지 데이터를 저장하면 폴더 안에 이미지 파일을 만들 수 있습니다.

형식: 폴더 만들기

```
폴더 = Path("폴더명")
폴더.mkdir(exist_ok=True)
```

형식: 폴더 안의 파일에 액세스하는 패스 만들기

```
폴더.joinpath("파일명")
```

이제 'download'라는 폴더를 만든 후 여기에 샘플 이미지 파일을 다운로드해 봅시다.

chap2/chap2-12.py

```python
import requests
from pathlib import Path

# 저장용 폴더를 만든다.
out_folder = Path("download")
out_folder.mkdir(exist_ok=True)·································· 'download' 폴더를 작성한다.

# 이미지 파일을 구한다.
image_url = "http://python.cyber.co.kr/pds/books/python2nd/sample1.png"
imgdata = requests.get(image_url)

# URL에서 마지막에 있는 파일명을 추출하고 저장 폴더명과 연결한다.
filename = image_url.split("/")[-1]
out_path = out_folder.joinpath(filename)·················폴더명과 연결한다.

# 이미지 데이터를 파일에 쓴다.
with open(out_path, mode="wb") as f:
    f.write(imgdata.content)
```

출력 결과

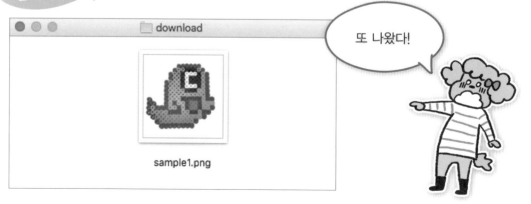

실행하면 'download' 폴더 안에 'sample1.png'라는 이미지 파일이 만들어집니다.

모든 img 태그의 이미지 파일 URL을 표시한다

다음은 'test2.html'에 있는 이미지 파일의 URL 목록을 표시하는 테스트 프로그램입니다. 직접 액세스해 읽어 들이고 또한 그 절대 URL로 변환한 후 그 URL에서 가장 마지막에 있는 값을 구해 저장할 파일명으로 표시합니다.

LESSON 07

chap2/chap2-13.py

```python
import requests
from bs4 import BeautifulSoup
import urllib

# 웹 페이지를 구해 해석한다.
load_url = "http://python.cyber.co.kr/pds/books/python2nd/test2.html"
html = requests.get(load_url)
soup = BeautifulSoup(html.content, "html.parser")

# 모든 img 태그를 검색해 링크를 구한다.
for element in soup.find_all("img"):             # 모든 img 태그를 검색한다.
    src = element.get("src")                     # src 속성을 구한다.

    # 절대 URL과 파일을 표시한다.
    image_url = urllib.parse.urljoin(load_url, src)    # 절대 URL을 구한다.
    filename = image_url.split("/")[-1]                # 파일명을 구한다.
    print(image_url, ">>", filename)
```

출력 결과

```
http://python.cyber.co.kr/pds/books/python2nd/sample1.png >> sample1.png

http://python.cyber.co.kr/pds/books/python2nd/sample2.png >> sample2.png

http://python.cyber.co.kr/pds/books/python2nd/sample3.png >> sample3.png
```

이미지 파일의 절대 URL과 저장할 파일명을 구할 수 있습니다.

페이지 안 이미지를 한꺼번에 다운로드하는 프로그램

이제 지금까지 한 것들을 연결하면 '페이지 안의 이미지를 한꺼번에 다운로드하는 프로그램'이 완성됩니다. '여러 개의 이미지 파일을 자동으로 연속 다운로드하는 프로그램'입니다. 프로그램으로는 문제 없이 작동하지만, 여기서 한 가지 주의해야 할 것이 있습니다. 바로 '너무 많이 액세스해서 상대방의 서버에 피해를 입혀서는 안 된다'는 것입니다. 그래서 '한 번 액세스했으면 1초 기다린다'는 프로그램을 추가합시다.

'1초 대기'에는 표준 라이브러리인 'time'을 사용하면 됩니다. 'time.sleep(초)'라는 명령을 사용하면 지정한 초만큼 프로그램을 일시 정지시킬 수 있습니다. 읽어 들이기가 끝난 시점에서 1초 기다리는 명령을 추가해 보겠습니다.

형식: 1초 기다리기

이건 중요한 에티켓이에요.

```
import time
time.sleep(1)
```

이제 페이지 안의 모든 이미지를 다운로드해 볼까요?

프로그램이 길어져서 좀 헷갈려요.

그럼 정리해 봅시다. '페이지 안의 모든 이미지 요소를 검색'하려면 어떻게 하면 되죠? 이미지는 `img` 태그를 사용해요.

'soup.find_all("img")'를 사용하면 전부 검색할 수 있어요.

`img` 태그 안에 이미지 URL이 있으므로 'element.get("src")'로 추출해요.

흠흠

하지만 절대 URL인 경우와 상대 URL인 경우가 있으므로 'urllib.parse.urljoin'을 사용해 모두 절대 URL로 변환해야 해요.

여러 가지 경우가 있으니까요.

이 절대 URL을 사용해 이미지 데이터를 읽어 들이고 파일에 쓰면 다운로드를 할 수 있어요. 그리고 한 번 다운로드를 할 때마다 1초 쉬도록 하는 거예요.

길어서 복잡할 것 같았는데 순서대로 하기만 하면 되네요.

이제 '페이지 안의 이미지를 한꺼번에 다운로드하는 프로그램'을 입력해 봅시다. 좀 길지만 힘내서 입력해 보세요.

chap2/chap2-14.py

```python
import requests
from bs4 import BeautifulSoup
from pathlib import Path
import urllib
import time


# 웹 페이지를 구해 해석한다.
load_url = "http://python.cyber.co.kr/pds/books/python2nd/test2.html"
html = requests.get(load_url)
soup = BeautifulSoup(html.content, "html.parser")


# 저장용 폴더를 만든다.
out_folder = Path("download2")
out_folder.mkdir(exist_ok=True)


# 모든 img 태그를 검색해 링크를 구한다.
for element in soup.find_all("img"):
    src = element.get("src")

    # 절대 URL을 만들어 이미지 데이터를 구한다.
    image_url = urllib.parse.urljoin(load_url, src)
    imgdata = requests.get(image_url)

    # URL에서 마지막에 있는 파일명을 추출하고 저장 폴더명과 연결한다.
    filename = image_url.split("/")[-1]
```

67

```
out_path = out_folder.joinpath(filename)

# 이미지 데이터를 파일에 쓴다.
with open(out_path, mode="wb") as f:
    f.write(imgdata.content)

# 한 번 액세스했으므로 1초 기다린다.
time.sleep(1)
```

출력 결과

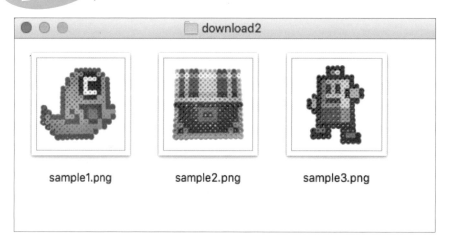

sample1.png   sample2.png   sample3.png

됐다, 됐어! 이미지 파일을 다운로드했어요.

이런 식으로 여러 가지 시험을 해 보세요.

제3장

표 데이터를 읽고 쓰자

다솜 양은 팬더를 본 적이 있어요?

네! 외국에 사시는 할머니 댁 근처에 있었는데 너무 귀여웠어요.

실은 파이썬 세계에도 팬더(pandas)가 있어요.

정말요? 파이썬 세계의 팬더는 어떤 일을 해요?

수집한 데이터를 잘 정리해 줘요.

똑부러지는군요. 대단하다.

그럼, 이제 보러 갈까요?

네, 기대돼요!

3장에서 할 일

'pandas'를 사용해 보자.

데이터를
다양하게
가공해 보자.

	이름	국어	수학	영어	과학	사회
0	A	83	89	76	97	76
1	B	66	93	75	88	76
2	C	100	84	96	82	94
3	D	60	73	63	52	70
4	E	92	62	84	80	78
5	F	96	92	94	92	90

matplotlib으로
그래프를 표시해 보자.

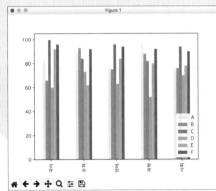

openpyxl로
엑셀 파일을 읽고 써 보자.

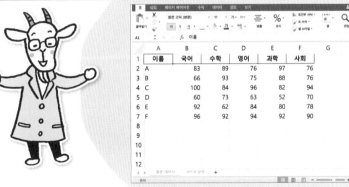

소개

pandas를 사용해 보자

여기서는 표 데이터를 읽어 들여 볼 거예요. 표 데이터를 사용하면 어떤 일을 할 수 있을까요?

이제 표 데이터를 다뤄 봐요. 표 데이터는 텍스트 데이터나 이미지 데이터와 마찬가지로 중요해요.

숫자가 많이 들어 있는 거죠? 눈이 아플 것 같아요.

괜찮아요. 표 데이터를 간단히 다룰 수 있는 라이브러리가 있어요. 파일명을 지정하기만 하면 읽어 들이거나 집계할 수 있어요.

편리한 라이브러리가 있군요.

'pandas(판다스)'라는 라이브러리예요. 외부 라이브러리이므로 먼저 설치를 해 봅시다.

뭐라고요? 팬더라고요? 너무 귀여워요~

pandas 설치하기

pandas(판다스)는 표 데이터를 읽어 들여 데이터를 추가, 삭제, 추출, 집계, 저장할 수 있는 외부 라이브러리입니다. 다음 순서를 참고해 설치해 봅시다.

※ 좀 더 자세한 내용은 1장 '라이브러리 설치 방법'을 참고하기 바랍니다.

① 윈도에 설치할 때는 명령줄을 사용한다

```
pip install pandas
```

② macOS에 설치할 때는 터미널을 사용한다

```
pip3 install pandas
```

 ## 표 데이터란?

표(테이블) 데이터는 행과 열로 이뤄져 있습니다.

가로 방향으로 나열돼 있는 1행은 한 건의 데이터입니다. 예를 들어, 주소록 데이터의 경우에는 한 사람분, 구입 데이터의 경우에는 한 품목분, 전국의 인구 추이 데이터의 경우에는 한 행정 구역분이 한 건의 데이터입니다. '행'은 '레코드', '줄(row)'이라고도 합니다. '위에서 몇 건째 데이터이지?'와 같이 말합니다. 세로 방향으로 나열돼 있는 1열은 한 항목입니다. 여기서 항목이란, 한 건의 데이터가 갖고 있는 다양한 요소의 종류를 말합니다. 예를 들어 주소록 데이터의 경우 이름, 주소, 전화번호, 근무처, 생일 등이 각각의 항목이 됩니다. '열'은 '칼럼(column)'이라고도 합니다. '왼쪽에서 몇 열째 항목이지?'와 같이 말합니다. 한 칸은 '요소'입니다. '필드'나 '입력 항목'이라고도 합니다. 표 계산 소프트웨어인 엑셀(Excel)에서는 '셀'이라고 합니다.

열(하나의 항목)

엑셀이라는 소프트웨어에서 본 적이 있어요.

	이름	국어	수학	영어	과학	사회
0	A	83	89	76	97	76
1	B	66	93	75	88	76
2	C	100	84	96	82	94
3	D	60	73	63	52	70
4	E	92	62	84	80	78
5	F	96	92	94	92	90

행(한 건의 데이터)

요소(한 칸)

표 데이터는 맨 위에 있는 행에 '항목명'이 나열돼 있습니다(없는 경우도 있습니다). '해당 열이 무슨 항목인지'를 나타내는 것으로, 이를 '헤더'라고 합니다.

가장 왼쪽에 있는 열에는 '번호'가 나열돼 있습니다(없는 경우도 있습니다). '해당 행이 몇 건째 데이터인지'를 나타내는 것으로, 이를 '인덱스'라고 합니다.

인덱스는 '0'부터 시작하므로 주의하세요!

헤더(항목명)

	이름	국어	수학	영어	과학	사회
0	A	83	89	76	97	76
1	B	66	93	75	88	76
2	C	100	84	96	82	94
3	D	60	73	63	52	70
4	E	92	62	84	80	78
5	F	96	92	94	92	90

인덱스

표 데이터를 파일로 저장할 때는 주로 CSV 파일 형식을 사용합니다. CSV 파일은 '콤마로 구분된 데이터가 여러 행 들어 있는 텍스트 파일'을 말합니다. 파일의 1행이 '1건의 데이터'이며, 콤마로 구분된 하나하나가 '요소'입니다.

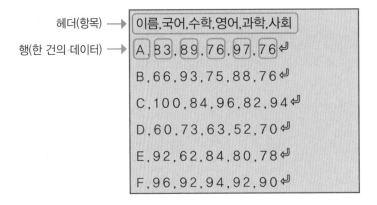

헤더(항목) →
행(한 건의 데이터) →

```
이름,국어,수학,영어,과학,사회
A,83,89,76,97,76↵
B,66,93,75,88,76↵
C,100,84,96,82,94↵
D,60,73,63,52,70↵
E,92,62,84,80,78↵
F,96,92,94,92,90↵
```

데이터에 따라 첫 행에 헤더가 있는 경우와 없는 경우가 있습니다. 또 첫 번째 열에 인덱스가 있는 경우와 없는 경우도 있습니다. 그러므로 데이터를 읽어 들일 때는 가장 먼저 '헤더나 인덱스가 있는지 없는지'를 확인하는 것이 중요합니다.

MEMO CSV란?

CSV는 'Comma(콤마), Separated(구분된) Value(값)'의 약자입니다. 기본적으로 콤마로 구분된 값을 말하지만, 탭으로 구분되는 경우도 있습니다. 탭으로 구분된 것을 TSV(Tab–Separated Values)라고 하기도 합니다. 각 행은 '줄 바꿈'이 돼 있습니다.

🌰 CSV 파일 읽어 들이기

이제 샘플 파일인 'test.csv'를 읽어 들여 봅시다. 첫 행이 헤더로 돼 있는 파일입니다.

test.csv(샘플 파일)

이름,국어,수학,영어,과학,사회 ↵
A,83,89,76,97,76 ↵
B,66,93,75,88,76 ↵
C,100,84,96,82,94 ↵
D,60,73,63,52,70 ↵
E,92,62,84,80,78 ↵
F,96,92,94,92,90 ↵

먼저 pandas 라이브러리를 임포트합니다. 'import pandas as pd'라고 지정하면 'pandas'를 'pd'라는 약칭으로 사용할 수 있습니다.

그다음 CSV 파일을 읽어 들입니다. pd.read_csv("파일명.csv")이라는 명령을 사용합니다. 표 데이터는 'DataFrame(데이터 프레임)'으로 읽어 들입니다. DataFrame이란 '표 데이터를 pandas 라이브러리에서 사용할 수 있도록 만든 데이터'를 말합니다. 이것으로 준비는 끝났습니다.

DataFrame을 그대로 표시해 봅시다. 제대로 읽어 들인다는 것을 알 수 있습니다.

형식: CSV 파일 읽어 들이기

```
DataFrame = pd.read_csv("파일명.csv")
```

chap3/chap3-1.py

```python
import pandas as pd

# CSV 파일을 읽어 들인다.
df = pd.read_csv("test.csv")
print(df)
```

출력 결과

	이름	국어	수학	영어	과학	사회
0	A	83	89	76	97	76
1	B	66	93	75	88	76
2	C	100	84	96	82	94
3	D	60	73	63	52	70
4	E	92	62	84	80	78
5	F	96	92	94	92	90

어때요?
편리하죠

먼저 읽어 들인 데이터의 정보를 살펴보겠습니다. 데이터 건수는 'len(df)', 항목명은 'df.columns.values', 인덱스는 'df.index.values'로 조사할 수 있으므로 표시해 봅시다.

chap3/chap3-2.py

```python
import pandas as pd

# CSV 파일을 읽어 들인다.
df = pd.read_csv("test.csv")

# 표 데이터 정보를 표시한다.
print("데이터 건수 = ",len(df))
print("항목명      = ",df.columns.values)
print("인덱스      = ",df.index.values)
```

출력 결과

```
데이터 건수 = 6
항목명      = ['이름' '국어' '수학' '영어' '과학' '사회']
인덱스      = [0 1 2 3 4 5]
```

표 데이터가 제대로 해석된다는 것을 알 수 있습니다.

 ## 열, 행 데이터 표시하기

이제 열 데이터를 구해 봅시다. `df["열명"]`으로 지정하면 1열의 데이터를 구할 수 있습니다. 여러 열의 데이터는 `df[["열명1","열명2"]]`과 같이 리스트로 지정해 구할 수 있습니다.

형식: 1열 데이터

```
df["열명"]
```

형식: 여러 열 데이터

```
df[["열명1","열명2"]]
```

'test.csv'에서 '국어'와 '수학'의 열 데이터를 표시해 봅시다.

열 데이터

	이름	국어	수학	영어	과학	사회
0	A	83	89	76	97	76
1	B	66	93	75	88	76
2	C	100	84	96	82	94
3	D	60	73	63	52	70
4	E	92	62	84	80	78
5	F	96	92	94	92	90

chap3/chap3-3.py

```python
import pandas as pd

# CSV 파일을 읽어 들인다.
df = pd.read_csv("test.csv")

# 1열의 데이터를 표시한다.
print("국어의 열 데이터\n",df["국어"])

# 여러 열의 데이터를 표시한다.
print("국어와 수학의 열 데이터\n",df[["국어","수학"]])
```

출력 결과

```
국어의 열 데이터
0       83
1       66
2      100
3       60
4       92
5       96
Name: 국어, dtype: int64
국어와 수학의 열 데이터
    국어  수학
0    83  89
1    66  93
2   100  84
3    60  73
4    92  62
5    96  92
```

에헴!
특정 열만 구할
수도 있어!

계속해서 행 데이터를 구해 봅시다. 1행의 데이터는 'df.loc[행번호]'라고 지정해 구할 수 있습니다. 여러 행의 데이터는 df.loc[[행번호1, 행번호2]]와 같이 리스트로 지정해 구할 수 있습니다. 또 한 요소는 df.loc[행번호1]["열명"]과 같이 행과 열을 지정해 구합니다.

형식: 1행 데이터

```
df.loc[행번호]
```

형식: 여러 행 데이터

```
df.loc[[행번호1,행번호2]]
```

형식: 한 개의 요소 데이터

```
df.loc[행번호1]["열명"]
```

'test.csv'에서 인덱스가 '2'인 행과 '3'인 행의 데이터, 그리고 인덱스가 '2'인 행의 '국어' 요소를 표시해 봅시다.

	이름	국어	수학	영어	과학	사회
0	A	83	89	76	97	76
1	B	66	93	75	88	76
2	C	100	84	96	82	94
3	D	60	73	63	52	70
4	E	92	62	84	80	78
5	F	96	92	94	92	90

행 데이터 →

요소 데이터 →

LESSON 08

chap3/chap3-2.py

```python
import pandas as pd

# CSV 파일을 읽어 들인다.
df = pd.read_csv("test.csv")

# 1행의 데이터를 표시한다.
print("C의 데이터\n",df.loc[2])

# 여러 행의 데이터를 표시한다.
print("C와 D의 데이터\n",df.loc[[2,3]])

# 지정한 행의 지정한 열 데이터를 표시한다.
print("C의 국어 데이터\n", df.loc[2]["국어"])
```

출력 결과

```
C의 데이터
이름        C
국어      100
수학       84
영어       96
과학       82
사회       94
Name: 2, dtype: object
C와 D의 데이터
    이름   국어   수학   영어   과학   사회
2    C   100   84   96   82   94
3    D    60   73   63   52   70
C의 국어 데이터
 100
```

특정 행도
구할 수 있다고!

열 데이터, 행 데이터 추가하기

DataFrame에는 열 데이터나 행 데이터를 추가할 수 있습니다.

열 데이터를 추가할 때는 df["추가할 열명"]=["행1 요소", "행2 요소","행3 요소"]와 같이 새로운 열을 지정해야 합니다.

행 데이터를 추가할 때는 df.loc["추가할 행 번호"]=["요소1","요소2","요소3"]과 같이 새로운 열 번호를 지정해야 합니다.

1형식: 1열 데이터 추가하기

df["추가할 열명"] = ["행1 요소","행2 요소","행3 요소"]

1형식: 1행 데이터 추가하기

df.loc[추가할 행 번호] = ["요소1","요소2","요소3"]

LESSON
08

연습 삼아 '미술'이라는 열 데이터를 추가한 후 'G'라는 행 데이터를 추가해 봅시다(추가할 요소 수가 추가될 요소 수와 다르면 오류가 발생하므로 주의하기 바랍니다).

열 추가

	이름	국어	수학	영어	과학	사회		미술
0	A	83	89	76	97	76		68
1	B	66	93	75	88	76		73
2	C	100	84	96	82	94		82
3	D	60	73	63	52	70		77
4	E	92	62	84	80	78		94
5	F	96	92	94	92	90		96

행 추가

6	G	90	92	94	96	92	98

chap3/chap3-5.py

```python
import pandas as pd

# CSV 파일을 읽어 들인다.
df = pd.read_csv("test.csv")

# 1열 데이터를 추가한다.
df["미술"] = [68, 73, 82, 77, 94, 96]
print("열 데이터(미술)를 추가\n",df)

# 1행 데이터를 추가한다.
df.loc[6] = ["G", 90, 92, 94, 96, 92, 98]
print("행 데이터(G)를 추가\n",df)
```

출력 결과

```
열 데이터(미술)를 추가
    이름  국어  수학  영어  과학  사회  미술
0   A    83   89   76   97   76   68
1   B    66   93   75   88   76   73
2   C   100   84   96   82   94   82
3   D    60   73   63   52   70   77
4   E    92   62   84   80   78   94
5   F    96   92   94   92   90   96
행 데이터(G)를 추가
    이름  국어  수학  영어  과학  사회  미술
0   A    83   89   76   97   76   68
1   B    66   93   75   88   76   73
2   C   100   84   96   82   94   82
3   D    60   73   63   52   70   77
4   E    92   62   84   80   78   94
5   F    96   92   94   92   90   96
6   G    90   92   94   96   92   98
```

열과 행 추가도
내 특기야.

첫 번째는 '미술' 열, 두 번째는 'G' 행이 추가된 것을 알 수 있습니다.

 열, 행 데이터 삭제하기

이번에는 어떤 열(행)을 삭제한 데이터를 표시해 봅시다.

지정한 열을 삭제하려면 df.drop("열명",axis=1), 행을 삭제하려면 df.drop(행 번호, axis=0)으로 지정합니다.

형식: 지정한 열 삭제하기

```
df.drop("열명",axis=1)
```

형식: 지정한 행 삭제하기

```
df.drop(행 번호,axis=0)
```

'이름' 열을 삭제한 데이터와 인덱스가 '2'인 행을 삭제한 데이터를 표시해 봅시다.

chap3/chap3-.py

```python
import pandas as pd

# CSV 파일을 읽어 들인다.
df = pd.read_csv("test.csv")

# 〈이름〉 열을 삭제한다.
print("〈이름〉 열을 삭제\n", df.drop("이름",axis=1))

# 인덱스가 2인 행을 삭제한다.
print("인덱스가 2인 행을 삭제\n", df.drop(2,axis=0))
```

출력 결과

〈이름〉 열을 삭제

	국어	수학	영어	과학	사회
0	83	89	76	97	76
1	66	93	75	88	76
2	100	84	96	82	94
3	60	73	63	52	70
4	92	62	84	80	78
5	96	92	94	92	90

인덱스가 2인 행을 삭제

	이름	국어	수학	영어	과학	사회
0	A	83	89	76	97	76
1	B	66	93	75	88	76
3	D	60	73	63	52	70
4	E	92	62	84	80	78
5	F	96	92	94	92	90

삭제도 가능해!

첫 번째는 '이름' 열, 두 번째는 인덱스가 '2'인 행이 삭제됐다는 것을 알 수 있습니다.

대단하지?

마술같아요!

다양한 데이터 가공

읽어 들인 표 데이터는 추출이나 집계, 정렬할 수 있습니다.

DataFrame은 데이터를 추가하거나 삭제할 수 있지만, 가공도 할 수 있어요.

가공이라고요?

조건에 맞는 데이터만 추출하거나, 평균값을 구하거나, 값이 큰 순서대로 정렬하는 등 간단히 가공할 수 있어요.

간단하게요? 해 보고 싶어요!

필요한 정보 추출하기

조건에 맞는 데이터를 추출할 수 있습니다. 예를 들면, 국어 항목이 90점 이상인 행 데이터를 추출하고 싶을 때는 df[df["국어"]>=90]과 같이 지정합니다.

형식: 조건에 맞는 행 데이터 추출하기

```
df = df[df["열명"]을 사용한 조건]
```

국어가 90점 이상인 행 데이터와 수학이 70점 미만인 데이터를 추출해 봅시다.

chap3/chap3-7.py

```python
import pandas as pd

# CSV 파일을 읽어 들인다.
df = pd.read_csv("test.csv")

# 조건에 맞는 데이터를 추출한다.
data_s = df[df["국어"] >= 90]
print("국어가 90점 이상\n", data_s)

data_c = df[df["수학"] < 70]
print("수학이 70점 미만\n", data_c)
```

출력 결과

모두 점수가 대단하네요.

국어가 90점 이상

	이름	국어	수학	영어	과학	사회
2	C	100	84	96	82	94
4	E	92	62	84	80	78
5	F	96	92	94	92	90

수학이 70점 미만

	이름	국어	수학	영어	과학	사회
4	E	92	62	84	80	78

첫 번째는 국어가 90점 이상인 데이터, 두 번째는 수학이 70점 미만인 데이터만 표시된다는 것을 알 수 있습니다.

데이터 집계하기

표 데이터를 집계할 수도 있습니다. 최댓값은 df["열명"].max(), 최솟값은 df["열명"].min(), 평균값은 df["열명"].mean(), 중앙값은 df["열명"].median(), 합계값은 df["열명"].sum()으로 구할 수 있습니다.

'수학'의 집계를 표시해 봅시다.

chap3/chap3-8.py

```python
import pandas as pd

# CSV 파일을 읽어 들인다.
df = pd.read_csv("test.csv")

# 집계(최댓값, 최솟값, 평균값, 중앙값, 합계값 등)를 해 표시한다.
print("수학의 최고점 =", df["수학"].max())
print("수학의 최저점 =", df["수학"].min())
print("수학의 평균값 =", df["수학"].mean())
print("수학의 중앙값 =", df["수학"].median())
print("수학의 점수 합계 =", df["수학"].sum())
```

출력 결과

```
수학의 최고점 = 93
수학의 최저점 = 62
수학의 평균값 = 82.16666666666667
수학의 중앙값 = 86.5
수학의 점수 합계 = 493
```

LESSON
09

데이터 정렬하기

항목을 지정해 정렬(sort)할 수 있습니다. `df.sort_values("열명")`으로 지정합니다.

형식: 데이터 정렬하기(오름차순: 작은 값부터 정렬)

```
df.sort_values("열명")
```

형식: 데이터 정렬하기(내림차순: 큰 값부터 정렬)

```
df.sort_values("열명",ascending=False)
```

'국어' 점수를 내림차순으로 정렬해 봅시다.

chap3/chap3-9.py

```python
import pandas as pd

# CSV 파일을 읽어 들인다.
df = pd.read_csv("test.csv")

# 정렬해 표시한다.
kor = df.sort_values("국어",ascending=False)
print("국어 점수가 높은 순으로 정렬\n",kor)
```

출력 결과

```
국어 점수가 높은 순으로 정렬

   이름  국어  수학  영어  과학  사회
2  C   100  84   96   82   94
5  F    96  92   94   92   90
4  E    92  62   84   80   78
0  A    83  89   76   97   76
1  B    66  93   75   88   76
3  D    60  73   63   52   70
```

행 데이터의 순서가 '국어' 점수 순으로 정렬됐어요.

행과 열 바꾸기

이외에도 데이터를 가공하는 데에는 여러 가지 방법이 있습니다. 표 데이터의 '행'과 '열'을 바꾸려면 DataFrame에 '.T'를 붙이기만 하면 됩니다. 또 DataFrame을 보통의 파이썬에서 사용하는 리스트로 변환하려면 DataFrame에 '.values'를 붙이기만 하면 됩니다.

'test.csv'에서 행과 열을 바꿔 표시하거나 리스트로 만들어 표시해 봅시다.

chap3/chap3-10.py

```python
import pandas as pd

# CSV 파일을 읽어 들인다.
df = pd.read_csv("test.csv")

# 행과 열을 바꾼다.
print("행과 열을 바꾼다\n", df.T)

# 데이터를 리스트로 만든다.
print("Python의 리스트 데이터화\n", df.values)
```

LESSON
09

출력 결과

```
행과 열을 바꾼다
        0    1    2    3    4    5
이름     A    B    C    D    E    F
국어    83   66  100   60   92   96
수학    89   93   84   73   62   92
영어    76   75   96   63   84   94
과학    97   88   82   52   80   92
사회    76   76   94   70   78   90
Python의 리스트 데이터화
 [['A' 83 89 76 97 76]
 ['B' 66 93 75 88 76]
```

```
['C' 100 84 96 82 94]

['D' 60 73 63 52 70]

['E' 92 62 84 80 78]

['F' 96 92 94 92 90]]
```

CSV 파일로 출력하기

DataFrame을 CSV 파일로 출력하려면 `DataFrame.to_csv("파일명.csv")` 명령을 사용합니다.

형식: CSV 파일로 출력하기

```
DataFrame.to_csv("파일명.csv")
```

형식: CSV 파일로 출력하기(인덱스 삭제)

```
DataFrame.to_csv("파일명.csv", index=False)
```

형식: CSV 파일로 출력하기(인덱스와 헤더 삭제)

```
DataFrame.to_csv("파일명.csv", index=False, header=False)
```

'test.csv'를 국어 점수로 정렬해 CSV 파일로 출력해 봅시다.

chap3/chap3-11.py

```
import pandas as pd

# CSV 파일을 읽어 들인다.
df = pd.read_csv("test.csv")

# 국어 점수가 높은 순으로 정렬한다.
kor = df.sort_values("국어",ascending=False)

# CSV 파일로 출력한다.
kor.to_csv("export1.csv")
```

출력 결과 export1.csv

```
,이름,국어,수학,영어,과학,사회,
2,C,100,84,96,82,94
5,F,96,92,94,92,90
4,E,92,62,84,80,78
0,A,83,89,76,97,76
1,B,66,93,75,88,76
3,D,60,73,63,52,70
```

출력된 CSV 파일은
UTF-8 형식이므로 윈도의
엑셀 등에서 열면 글자가 깨지는
경우가 있어요. 이럴 때는
메모장에서 열어 보세요.

이와 마찬가지로 'test.csv'를 국어 점수 순으로 정렬하고, 인덱스를 삭제해 CSV 파일로 출력해
봅시다.

chap3/chap3-12.py

```python
import pandas as pd

# CSV 파일을 읽어 들인다.
df = pd.read_csv("test.csv")

# 국어 점수가 높은 순으로 정렬한다.
kor = df.sort_values("국어",ascending=False)

# CSV 파일로 출력한다(인덱스 삭제).
kor.to_csv("export2.csv", index=False)
```

출력 결과 export2.csv

```
이름,국어,수학,영어,과학,사회
C,100,84,96,82,94
F,96,92,94,92,90
E,92,62,84,80,78
A,83,89,76,97,76
```

```
B,66,93,75,88,76

D,60,73,63,52,70
```

마지막으로 'test.csv'를 국어 점수 순으로 정렬하고 인덱스와 헤더를 삭제해 CSV 파일로 출력해 봅시다.

chap3/chap3-13.py

```python
import pandas as pd

# CSV 파일을 읽어 들인다.
df = pd.read_csv("test.csv")

# 국어 점수가 높은 순으로 정렬한다.
kor = df.sort_values("국어",ascending=False)

# CSV 파일로 출력한다(인덱스와 헤더 삭제).
kor.to_csv("export3.csv", index=False, header=False)
```

출력 결과 export3.csv

```
C,100,84,96,82,94

F,96,92,94,92,90

E,92,62,84,80,78

A,83,89,76,97,76

B,66,93,75,88,76

D,60,73,63,52,70
```

이렇게 CSV 파일을 읽어 들여 가공이나 집계한 후 다시 CSV 파일로 쓸 수 있습니다.

그래프로 표시해 보자

읽어 들인 표 데이터를 그래프로 표시해 봅시다.

팬더라고 해서 귀여운 줄 알았더니 숫자만 나오네요~

그럼 이번에는 이 표 데이터를 그래프로 표시해 볼게요.

그래프면 좀 알기 쉬울 것 같아요.

그래프를 표시하려면 'matplotlib' 라이브러리를 사용해요. 『파이썬 1학년』에서도 사용했죠?

네? 그런 게 있었던가요?

지금부터 설명할 테니 잘 들으면 돼요. pandas의 plot 기능과 matplotlib 를 합치면 그래프를 손쉽게 그릴 수 있어요.

또 팬더가 나오는군요!

matplotlib 설치하기

matplotlib은 다양한 그래프를 표시할 수 있는 외부 라이브러리입니다. 다음 순서대로 설치해 봅시다. 좀 더 자세한 방법은 1장 '라이브러리 설치 방법'을 참고하기 바랍니다.

① 윈도에 설치할 때는 명령줄, macOS에 설치할 때는 터미널을 사용한다

```
pip install matplotlib ·················· 윈도의 경우
pip3 install matplotlib ················· macOS의 경우
```

② 그래프에서 한글이 깨지는 문제 해결하기

그래프에서 한글이 깨지는 문제를 해결하려면 다음 코드를 추가해야 합니다. 이 책의 예제는 macOS를 기준으로 작성했습니다.

matplotlib에서 한글 표시하기: 윈도의 경우
```
from matplotlib import font_manager, rc
font_location = "<폰트 경로>"
font_name = font_manager.FontProperties(fname=font_location).get_name()
rc('font', family=font_name)                    ※ 출처: https://pinkwink.kr/990
```

(<폰트 경로>(예: "c:/Windows/Fonts/malgun.ttf")는 각자의 환경에 맞춰 수정하기 바랍니다.)

matplotlib에서 한글 표시하기: macOS의 경우
```
from matplotlib import rc
rc('font', family='AppleGothic')
plt.rcParams['axes.unicode_minus'] = False      ※ 출처: https://pinkwink.kr/956
```

 그래프로 표시하기

그래프를 표시할 때는 matplotlib 라이브러리를 임포트합니다. `import matplotlib.pyplot as plt`라고 지정하면 'plt'라는 약칭을 사용할 수 있습니다. 그러나 이 상태로는 그래프 안의 한글이 깨지므로 위에서 설명한 코드를 추가하기 바랍니다.

pandas로 읽어 들인 표 데이터는 pandas의 'plot 기능'을 사용해 그래프를 만들 수 있습니다(실제로는 pandas 내부에서 matplotlib 기능을 호출해 이용하고 있지만, 이 덕분에 간편하게 연계를 할 수 있습니다). pandas로 읽어 들인 표 데이터는 DataFrame에 '.plot()'을 추가해 `DataFrame.plot()`이라는 명령을 내리기만 하면 그래프가 만들어집니다. 만들어진 그래프는 `plt.show()` 명령으로 표시합니다.

 형식: 꺾은선 그래프 만들기
```
DataFrame.plot()
```

 형식: 만든 그래프 표시하기
```
plt.show()
```

'test.csv'를 읽어 들이고 그래프를 만들어 표시해 봅시다.

chap3/chap3-14.py

```python
import pandas as pd
import matplotlib.pyplot as plt

# 여기에 한글 깨짐 방지 코드를 추가한다(94쪽 참조).
df = pd.read_csv("test.csv")

# 파일을 읽어 들인다.
df.plot()
plt.show()
```

LESSON
10

출력 결과

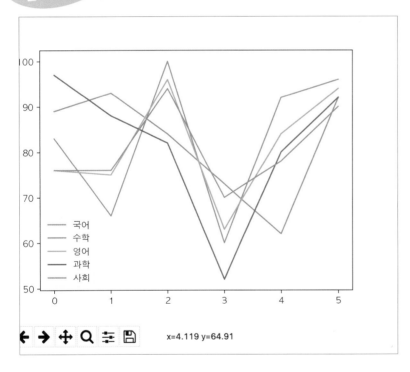

겨우 이것만으로 표 데이터가 그래프로 바뀌었습니다. 간단하지요?

그런데 이 그래프를 보면 궁금한 부분이 세 가지 있습니다. '그래프가 꺾은선 그래프'라는 점과 '아래쪽 눈금의 숫자가 무엇인지', 그리고 '왼쪽 아래의 상자가 무엇인지'라는 점입니다.

다양한 종류의 그래프 표시하기

첫 번째로 궁금한 점은 '왜 꺾은선 그래프로 그려졌는지'입니다.

그래프에는 여러 종류가 있지만, 각각 목적이 다르므로 구분해 사용해야 해요.

구분?

'변화를 보고 싶을 때'는 꺾은선 그래프, '값의 대소를 비교하고 싶을 때'는 막대 그래프, '전체 중 비율을 비교하고 싶을 때'는 원 그래프와 같이 '데이터의 무엇을 전하고 싶은지'에 따라 사용하는 것이 중요해요.

기분에 따라 골라서는 안 되는 거로군요.

'test.csv'는 각 학생의 점수를 비교하는 것이므로 막대 그래프가 적합합니다. 막대 그래프를 그리려면 DataFrame.plot.bar()를 사용해야 하므로 이 명령으로 바꿔 봅시다.

형식: 막대 그래프 만들기

```
DataFrame.plot.bar()
```

목적	그래프 종류
변화를 보고 싶을 때	꺾은선 그래프
값의 대소를 비교하고 싶을 때	막대 그래프
변화의 요인을 알고 싶을 때	누적 막대 그래프
전체 구성의 비율을 알고 싶을 때	원 그래프
데이터가 분산된 정도를 보고 싶을 때	상자 수염 그래프
변화의 크기를 강조해 보고 싶을 때	면적 그래프

두 번째로 궁금한 점은 '아래 눈금의 숫자가 무엇인지'입니다.

왼쪽 눈금은 50~100이므로 '점수'인 듯하지만, 아래 눈금은 0~5이므로 '인덱스'가 표시된 듯합니다. 이것만 보면 누구의 점수인지 알기 어렵습니다. 인덱스를 이름으로 바꿔 봅시다. CSV 파일을 읽어들일 때 index_col=0이라고 지정하면 가장 왼쪽 열(이번 데이터에서는 이름 열)을 인덱스로 읽어들일 수 있습니다.

세 번째로 궁금한 점은 '왼쪽 아래에 표시되는 상자는 무엇인지'입니다.

이것은 범례라고 해서 각각의 색이 무엇을 나타내는지를 보여주고 있습니다. 위치는 자동으로 표시되지만, 위치를 지정할 수도 있습니다. 예를 들어 오른쪽 아래에 표시하고 싶은 경우에는 `plo.legend(loc="lover right")`라고 지정합니다.

그래프를 만든 후 `plt.show()`로 표시하기 전에 지정합니다.

형식: 범례 위치 지정하기

```
plt.legend(loc="lower right")
```

이번 예에서는 막대 그래프로 표시하는 것이 가장 좋지만, 다른 그래프로 표시하면 어떤 느낌으로 바뀌는지도 살펴봅시다.

그래프 종류	명령
막대 그래프를 만든다(수직).	DataFrame.plot.bar()
막대 그래프를 만든다(수평).	DataFrame.plot.barh()
누적 막대 그래프	DataFrame.plot bar(stacked=True)
상자 수염 그래프	DataFrame.plot.box()
면적 그래프	DataFrame.plot.area()

chap3/chap3-15.py

```python
import pandas as pd
import matplotlib.pyplot as plt
# 여기에 한글 깨짐 방지 코드를 추가한다 (94쪽 참조).

# CSV 파일을 읽어 들인다(이름 열을 인덱스로 함).
df = pd.read_csv("test.csv", index_col=0)

# 막대 그래프를 만들어 표시한다.
df.plot.bar()
plt.legend(loc="lower right")
plt.show()

# 막대 그래프(수평)를 만들어 표시한다.
df.plot.barh()
plt.legend(loc="lower left")
```

```
plt.show()

# 누적 막대 그래프를 만들어 표시한다.
df.plot.bar(stacked=True)
plt.legend(loc="lower right")
plt.show()

# 상자 수염 그래프를 만들어 표시한다.
df.plot.box()
plt.show()

# 면적 그래프를 만들어 표시한다.
df.plot.area()
plt.legend(loc="lower right")
plt.show()
```

출력 결과

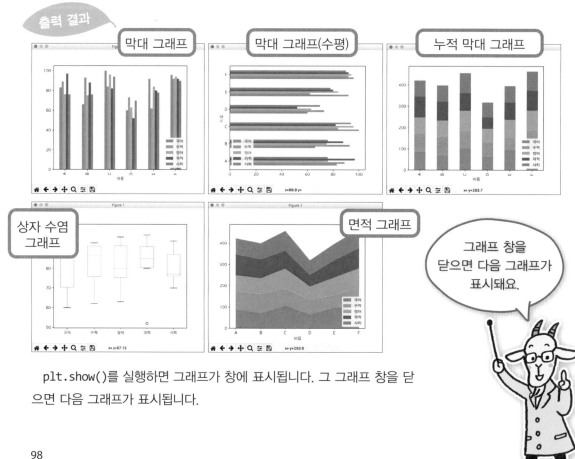

막대 그래프

막대 그래프(수평)

누적 막대 그래프

상자 수염 그래프

면적 그래프

그래프 창을 닫으면 다음 그래프가 표시돼요.

plt.show()를 실행하면 그래프가 창에 표시됩니다. 그 그래프 창을 닫으면 다음 그래프가 표시됩니다.

개별 데이터를 그래프로 표시하기

지금까지는 읽어 들인 모든 데이터를 그래프로 표시했는데, 어떤 과목만 그래프로 표시하거나 한 사람에 대한 그래프를 표시하려면 어떻게 해야 할까요?

1열의 데이터는 df["열명"], 1행의 데이터는 df.loc[행 번호]로 지정하면 해당 데이터를 구할 수 있습니다. 이렇게 구한 데이터를 DataFrame으로 지정하기만 하면 개별 그래프를 만들 수 있습니다. '국어'에 대한 막대 그래프, '국어와 수학'에 대한 막대 그래프, 'C'군에 대한 막대 그래프를 만들어 봅시다. 또 '1열의 데이터'인 경우는 원 그래프도 그릴 수 있습니다. 원 그래프를 그리려면 DataFrame.plot.pie()를 사용해야 합니다.

형식: 원 그래프 그리기

DataFrame (1열 데이터) .plot.pie(labeldistance = 중심에서 떨어진 거리)

chap3/chap3-16.py

```python
import pandas as pd
import matplotlib.pyplot as plt
# 여기에 한글 깨짐 방지 코드를 추가한다(94쪽 참조).

# CSV 파일을 읽어 들인다(이름 열을 인덱스로 한다).
df = pd.read_csv("test.csv", index_col=0)

# 국어에 대한 막대 그래프를 만들어 표시한다.
df["국어"].plot.barh()
plt.legend(loc="lower left")
plt.show()

# 국어와 수학에 대한 막대 그래프를 만들어 표시한다.
df[["국어","수학"]].plot.barh()
plt.legend(loc="lower left")
plt.show()

# C군에 대한 막대 그래프를 만들어 표시한다.
df.loc["C"].plot.barh()
plt.legend(loc="lower left")
plt.show()
```

LESSON
10

C군에 대한 원 그래프를 만들어 표시한다.

```
df.loc["C"].plot.pie(labeldistance=0.6)
plt.legend(loc="lower left")
plt.show()
```

출력 결과

국어 막대 그래프

국어와 수학 막대 그래프

C군 막대 그래프

C군 원 그래프

이 표 데이터는 데이터 한 건 한 건이 학생이므로 학생별 막대 그래프로 표시되지만, 과목별 막대 그래프로 표시하려면 어떻게 해야 할까요?

이때는 '행'과 '열'을 서로 바꾸면 됩니다. '행'과 '열'을 바꾸려면 DataFrame에 '.T'를 붙이기만 하면 됩니다.

chap3/chap3-17.py

```python
import pandas as pd
import matplotlib.pyplot as plt
# 여기에 한글 깨짐 방지 코드를 추가한다(94쪽 참조).

# CSV 파일을 읽어 들인다(이름 열을 인덱스로 한다).
df = pd.read_csv("test.csv", index_col=0)

# 막대 그래프를 만들어 이미지 파일로 출력한다.
df.T.plot.bar()
plt.legend(loc="lower right")
plt.show()
```

LESSON
10

출력 결과

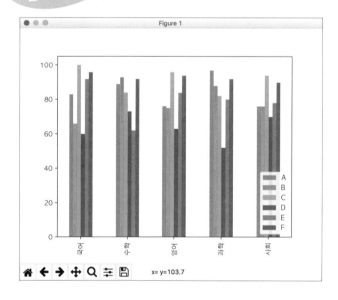

아래의 눈금이 과목, 범례 안이 이름으로 바뀌었습니다.

그래프의 색은 자동으로 나타나지만, 원하는 색을 지정할 수도 있습니다. 색 이름을 붙인 리스트를 만들어 놓고 DataFrame.plot.bar(color=색 이름 리스트)로 지정하면 됩니다.

chap3/chap3-18.py

```python
import pandas as pd
import matplotlib.pyplot as plt
# 여기에 한글 깨짐 방지 코드를 추가한다(94쪽 참조).

# CSV 파일을 읽어 들인다(이름 열을 인덱스로 한다).
df = pd.read_csv("test.csv", index_col=0)

# 막대 그래프를 만들어 이미지 파일로 출력한다.
colorlist = ["skyblue","steelblue","tomato","cadetblue","orange",
"sienna"]
df.T.plot.bar(color = colorlist)
plt.legend(loc="lower right")
plt.show()
```

출력 결과

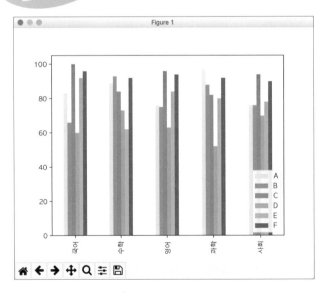

그래프의 색이 예쁘게 바뀌었습니다.

막대 그래프를 이미지 파일로 출력하기

그래프는 '화면에 표시'할 수 있을 뿐 아니라 '이미지 파일로 출력'할 수도 있습니다.

그래프를 이미지로 출력하려면 plt.show() 대신 plt.savefig("파일명.png") 명령을 사용해야 합니다.

```
plt.savefig("파일명.png")
```

만든 그래프를 'bargraph.png'라는 이미지 파일로 출력해 봅시다.

chap3/chap3-19.py

```
import pandas as pd
import matplotlib.pyplot as plt
# 여기에 한글 깨짐 방지 코드를 추가한다(94쪽 참조).

# CSV 파일을 읽어 들인다(이름 열을 인덱스로 한다).
df = pd.read_csv("test.csv", index_col=0)

# 막대 그래프를 만들어 이미지 파일로 출력한다.
colorlist = ["skyblue","steelblue","tomato","cadetblue","orange",
"sienna"]
df.T.plot.bar(color = colorlist)
plt.legend(loc="lower right")
plt.savefig("bargraph.png")················ 그래프를 이미지 파일로 출력한다.
```

출력 결과 bargraph.png

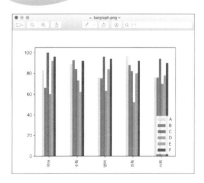

이미지 파일로 출력됩니다. 이처럼 matplotlib은 그래프를 간단히 표시 및 저장할 수 있는 편리한 라이브러리입니다.

LESSON 11

엑셀 파일을 읽고 써 보자

표 계산 소프트웨어인 엑셀 파일의 표 데이터를 읽고 써 봅시다.

지금까지 CSV 파일을 읽고 쓰거나 가공 및 집계하고 그래프를 그려 봤습니다.

많은 것을 할 수 있었어요.

이것만으로도 좋지만, 표 데이터는 엑셀을 사용하는 일이 많지요? 그래서 엑셀 파일을 읽고 쓰는 방법도 알아 뒀으면 좋겠어요.

엑셀 파일을 직접 읽고 쓸 수 있다니 굉장하네요.

 ## openpyxl 설치하기

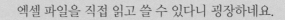

openpyxl은 엑셀 파일을 다룰 수 있게 해 주는 외부 라이브러리입니다. 파일을 읽는 xlrd와 파일을 쓰는 xlwt도 함께 설치해야 합니다. 좀 더 자세한 방법은 1장 '라이브러리 설치 방법'을 참고하기 바랍니다.

①윈도에 설치할 때는 명령줄을 사용한다

```
pip install openpyxl xlrd xlwt
```

②macOS에 설치할 때는 터미널을 사용한다

```
pip3 install openpyxl xlrd xlwt
```

엑셀 파일로 출력하기

DataFrame은 엑셀 파일로 직접 출력할 수 있습니다.

먼저 openpyxl 라이브러리를 `import openpyxl`로 임포트합니다.

엑셀 파일로 출력하려면 `df.to_excel("파일명.xlsx")` 명령을 사용합니다. 또 인덱스를 삭제하고 출력할 때는 `df.to_excel("파일명.xlsx", index=False)` 명령을 사용합니다.

형식: 엑셀 파일로 출력하기

```
df.to_excel("파일명.xlsx")
```

형식: 엑셀 파일로 출력하기(인덱스 삭제)

```
df.to_excel("파일명.xlsx", index=False)
```

LESSON
11

형식: 엑셀 파일로 출력하기(시트명 지정)

```
df.to_excel("파일명.xlsx", sheet_name="시트명")
```

'test.csv'를 읽어 들여 국어 점수로 정렬한 후 엑셀 파일(csv_to_excel1.xlsx)로 출력해 봅시다.

chap3/chap3-20.py

```python
import pandas as pd
import openpyxl

# CSV 파일을 읽어 들인다.
df = pd.read_csv("test.csv")

# 국어 점수가 높은 순으로 정렬한다.
kor = df.sort_values("국어",ascending=False)

# 엑셀 파일로 출력한다.
kor.to_excel("csv_to_excel1.xlsx")
```

출력 결과   **csv_to_excel1.xlsx**

	A	B	C	D	E	F	G	H
1		이름	국어	수학	영어	과학	사회	
2	2	C	100	84	96	82	94	
3	5	F	96	92	94	92	90	
4	4	E	92	62	84	80	78	
5	0	A	83	89	76	97	76	
6	1	B	66	93	75	88	76	
7	3	D	60	73	63	52	70	
8								
9								
10								
11								
12								

제대로
읽어 들였네요.

출력된 파일은 맨 앞에 인덱스가 붙어 있습니다. 그래서 이번에는 인덱스를 삭제하고 엑셀 파일
(csv_to_excel2.xlsx)로 출력해 봅시다.

chap3/chap3-21.py

```python
import pandas as pd
import openpyxl


# CSV 파일을 읽어 들인다.
df = pd.read_csv("test.csv")


# 국어 점수가 높은 순으로 정렬한다.
kor = df.sort_values("국어",ascending=False)
```

```python
# 엑셀 파일로 출력한다.
kor.to_excel("csv_to_excel2.xlsx", index=False, sheet_name="국어로 정렬")
```

출력 결과 csv_to_excel2.xlsx

	A	B	C	D	E	F	G	H
1	**이름**	**국어**	**수학**	**영어**	**과학**	**사회**		
2	C	100	84	96	82	94		
3	F	96	92	94	92	90		
4	E	92	62	84	80	78		
5	A	83	89	76	97	76		
6	B	66	93	75	88	76		
7	D	60	73	63	52	70		

국어로 정렬

깔끔한 엑셀 파일이 만들어졌습니다.

그런데 엑셀에서는 여러 개의 '시트'를 하나의 파일에 모은 '북'을 다룰 수 있습니다. openpyxl에서
도 여러 개의 '시트'를 하나의 파일에 모아 출력할 수 있습니다.

형식: 여러 개의 시트를 하나의 엑셀 파일로 출력하기

```
with pd.ExcelWriter("파일명.xlsx") as writer:
    df.to_excel(writer, sheet_name="시트명1")
    kokugo.to_excel(writer, sheet_name="시트명2")
```

'test.csv'를 읽어 들인 후 '원본 데이터'와 '국어로 정렬' 2개의 시트에 나눠 하나의 엑셀 파일
(csv_to_excel3.xlsx)로 출력해 봅시다.

chap3/chap3-22.py

```python
import pandas as pd
import openpyxl


# CSV 파일을 읽어 들인다.
df = pd.read_csv("test.csv")


# 국어 점수가 높은 순으로 정렬한다.
kor = df.sort_values("국어",ascending=False)


# 하나의 엑셀 파일에 여러 개의 시트를 출력한다.
with pd.ExcelWriter("csv_to_excel3.xlsx") as writer:
    df.to_excel(writer, index=False, sheet_name="원본 데이터")
    kor.to_excel(writer, index=False, sheet_name="국어로 정렬")
```

출력 결과 csv_to_excel3.xlsx

이름	국어	수학	영어	과학	사회
A	83	89	76	97	76
B	66	93	75	88	76
C	100	84	96	82	94
D	60	73	63	52	70
E	92	62	84	80	78
F	96	92	94	92	90

원본 데이터　국어로 정렬

> 시트를 전환하기만 하면 확인할 수 있으므로 편리해요!

2개의 시트가 만들어진 것을 알 수 있습니다.

엑셀 파일 읽어 들이기

이와 반대로 엑셀 파일을 표 데이터로 읽어 들여 봅시다. 엑셀 파일을 읽어 들이려면
pd.read_excel("파일명.xlsx") 명령을 사용해야 합니다.

형식: 엑셀 파일 읽어 들이기

```
df = pd.read_excel("파일명.xlsx")
```

조금 전에 출력한 엑셀 파일(csv_to_excel2.xlsx)을 읽어 들여 출력해 봅시다.

chap3/chap3-23.py

```python
import pandas as pd
import openpyxl

# 엑셀 파일을 읽어 들인다.
df = pd.read_excel("csv_to_excel2.xlsx")
print(df)
```

출력 결과

	이름	국어	수학	영어	과학	사회
0	C	100	84	96	82	94
1	F	96	92	94	92	90
2	E	92	62	84	80	78
3	A	83	89	76	97	76
4	B	66	93	75	88	76
5	D	60	73	63	52	70

pd.read_excel("파일명.xlsx")은 엑셀 파일에서 시트 하나만 읽어 들이는 명령입니다. 시트가 여러 개 있는 경우에도 맨 처음에 있는 하나만 읽어 들입니다.

시트가 여러 개 있는 경우에는 sheet_name을 지정해 읽어 들여야 합니다.

LESSON
11

형식: 엑셀 파일 읽어 들이기(시트가 여러 개 있는 경우)

```
df = pd.read_excel("파일명.xlsx", sheet_name="시트명")
```

엑셀 파일(csv_to_excel3.xlsx)에서 시트를 2개 읽어 들여 출력해 봅시다.

chap3/chap3-24.py

```
import pandas as pd
import openpyxl

# 엑셀 파일을 읽어 들인다.
df = pd.read_excel("csv_to_excel3.xlsx")
print(df)
df = pd.read_excel("csv_to_excel3.xlsx", sheet_name="국어로 정렬")
print(df)
```

출력 결과

```
   이름  국어  수학  영어  과학  사회
0   A   83   89   76   97   76
1   B   66   93   75   88   76
2   C  100   84   96   82   94
3   D   60   73   63   52   70
4   E   92   62   84   80   78
5   F   96   92   94   92   90
   이름  국어  수학  영어  과학  사회
0   C  100   84   96   82   94
1   F   96   92   94   92   90
2   E   92   62   84   80   78
3   A   83   89   76   97   76
4   B   66   93   75   88   76
5   D   60   73   63   52   70
```

됐다! 엑셀 파일도 읽고 쓸 수 있게 됐어요.

제 4 장

오픈 데이터를 분석해 보자

다솜 양, 집은 어디였죠?

박사님 모르셨어요?
소용돌이 계곡*이에요.

* 소용돌이 계곡은 실제 지명이 아닙니다.

아, 그랬지?
그런데 소용돌이 계곡에는
사람이 얼마나 사는지 알아요?

음.
꽤 많이 사는 것
같은데….

소용돌이 계곡 데이터는
오픈 데이터라서 누구나
사용해도 되는 사이트에
공개돼 있어요.

정말요?
그렇다면 혹시?

맞아요!
인구 데이터나 연령 구성과 같은
데이터를 손쉽게 조사할 수 있지요.

여름 방학 숙제는
문제 없겠네요.

이번 여름 연구 테마가
'소용돌이 계곡 데이터
분석'이었거든요.

잘됐다!

그거 재미있겠네요.
그럼 오픈 데이터에 대해
살펴볼까요?

옛썰!

4장에서 할 일

오픈 데이터란?

우체국: 우편번호 데이터

e-나라지표:
국정 모니터링 지표

기상자료개방포털:
기상청 날씨 데이터 서비스

공공데이터포털:
지방자치단체 데이터

소개

오픈 데이터란?

실제로 인터넷에서 데이터를 다운로드해 분석하여 봅시다. 여기서는 오픈 데이터를 이용합니다.

지금까지 여러 가지를 할 수 있게 됐지만, 이제 실제 데이터를 조사해 보고 싶어졌어요. 인터넷에 뭔가 적당한 데이터 없을까요?

오픈 데이터라는 것이 있어요.

오픈? 데이터?

공공기관이나 기업이 여러 데이터를 '마음껏 사용하세요'라고 인터넷에 공개한 데이터예요.

그런 좋은 것이 있었어요? 공공기관에서 좋은 일을 하네요.

오픈 데이터는 보물섬

오픈 데이터란, 정부나 지방자치단체, 교육 기관, 기업 등이 공개하고 있어서 누구나 자유롭게 입수해 이용할 수 있는 데이터를 말합니다. 기본적으로 저작권과 같은 라이선스 제한이 없으며 조건을 잘 지키면 자유롭게 가공하거나 재배포할 수 있습니다. 데이터 형식에는 CSV, XML, 엑셀, PDF, TXT 형식 등 여러 가지가 있습니다. 데이터의 내용과 형식을 조사해 봅시다.

오픈 데이터를 제공하는 사이트는 다음과 같습니다.

사이트명	URL
우체국: 우편번호 데이터	https://www.epost.go.kr/search/zipcode/areacdAddressDown.jsp
e-나라지표: 국정 모니터링 지표	https://www.index.go.kr/
기상자료개방포털: 기상청 날씨 데이터 서비스	https://data.kma.go.kr
공공데이터포털: 지방자치단체 데이터	http://www.data.go.kr

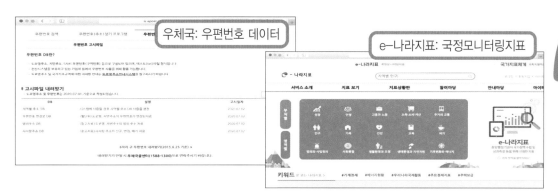

우체국: 우편번호 데이터

e-나라지표: 국정모니터링지표

LESSON
12

기상자료개방포털: 기상청 날씨 데이터 서비스

공공데이터포털: 지방자치단체 데이터

LESSON
13

우체국: 우편번호 데이터

우편번호 데이터를 다운로드해 우편번호나 지명으로 조사하여 봅시다.

먼저 가장 알기 쉽게 '우편번호 데이터'부터 찾아볼까요?

우편번호 데이터를 다운로드할 수 있어요?

우체국 사이트에 있는 '우편번호 검색' 페이지에서 다운로드 페이지로 가면 돼요.

'우편번호 내려받기'라고 쓰여 있네요.

우체국 사이트에서 '우편번호 데이터'를 다운로드해 조사하여 봅시다.
먼저 '우편번호 내려받기' 페이지에 액세스합니다.

〈우편번호 내려받기〉
https://www.epost.go.kr/search/zipcode/areacdAddressDown.jsp

출처: 우편번호 내려받기(https://www.epost.go.kr/search/zipcode/areacdAddressDown.jsp)

[우편번호 내려받기] 페이지에서 지역별 주소 DB의 [받기] 버튼을 클릭합니다. 그러면 압축 파일 (zipcode_DB.zip)이 다운로드되므로 압축을 풀면 각 지역별로 나뉘어 우편번호 데이터 파일이 나옵니다.

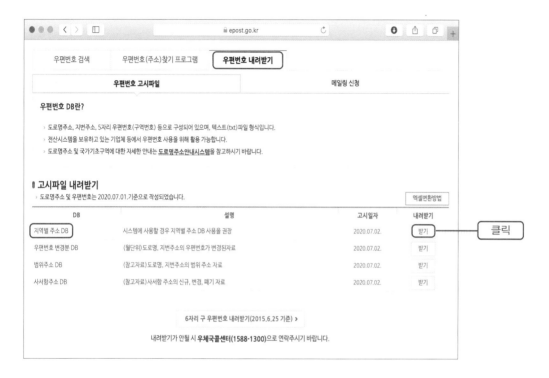

그런데 이 파일은 CSV 데이터가 아니라 TXT 파일로 돼 있으므로 이 책에서 사용하려면 CSV 데이터로 변환해야 합니다. 여기에서는 편의를 위해 서울시의 우편번호 파일을 CSV 파일로 미리 변환한 파일(20200602_SEOUL.CSV)을 사용하겠습니다. 4장에서 사용하는 파일은 이 책의 예제 다운로드 사이트에서 다운로드할 수 있습니다.

전국 데이터를 사용해도 되지만, 파일 크기가 너무 크므로 이번에는 서울로 한정해 시험해 볼게요.

주의: LESSON 13의 샘플
LESSON 13의 샘플은 다운로드한 우편번호 데이터를 가공해 작성했습니다.
실제 우편번호 데이터 파일의 구조는 조금 다르므로 유의하기 바랍니다.

CSV 파일 읽어 들이기

텍스트 편집기에서 CSV 파일(20200602_SEOUL.CSV)을 열어 확인해 봅시다.

```
                        20200602_SEOUL ⌄
06315,서울특별시,강남구,논현로8길,꿈지하우스,0,0,0,0,0,0,0,0,0,0
06306,서울특별시,강남구,개포로31길,꿈꾸지오,0,0,0,0,0,0,0,0,0,0
06306,서울특별시,강남구,개포로25길,그린빌,0,0,0,0,0,0,0,0,0,0
06307,서울특별시,강남구,논현로18길,광현빌라,0,0,0,0,0,0,0,0,0,0
06315,서울특별시,강남구,논현로2길,금성빌라,0,0,0,0,0,0,0,0,0,0
06323,서울특별시,강남구,개포로,구룡역,0,0,0,0,0,0,0,0,0
```

첫 번째 행부터 데이터가 시작되므로 헤더는 없습니다. 한글은 UTF-8을 사용합니다. pandas는 기본값으로 UTF-8 형식으로 읽어 들이므로 인코딩을 따로 지정할 필요는 없습니다. 이제 pandas를 이용해 '헤더가 없는 형식'으로 데이터를 읽어 들여 봅시다. 데이터 건수와 항목명을 표시합니다.

chap4/chap4-1.py

```python
import pandas as pd

# 데이터 프레임을 읽어 들인다.
df = pd.read_csv("20200602_SEOUL.CSV", header=None)
print(len(df))
print(df.columns.values)
```

출력 결과

```
50
[ 0  1  2  3  4  5  6  7  8  9 10 11 12 13 14]
```

실제 우편번호 데이터는 서울시만 해도 건수가 551,256건이나 있습니다. 이 책에서 우편번호를 검색하기에는 데이터 건수가 너무 많으므로 여기서는 50건으로 가공한 파일(20200602_SEOUL.CSV)을 사용했습니다. 또 헤더가 없으므로 항목명에는 숫자가 순서대로 붙어 있습니다. 따라서 열 데이터에는 번호로 액세스합니다. 다음과 같은 데이터로 이뤄져 있다고 생각할 수 있습니다.

0	1	2	3	4	5	6	7	8	9	10	11	12	13	14
06315	서울특별시	강남구	논현로8길	꿈지하우스	0	0	0	0	0	0	0	0	0	0
06306	서울특별시	강남구	개포로31길	꿈꾸지오	0	0	0	0	0	0	0	0	0	0
06306	서울특별시	강남구	개포로25길	그린빌	0	0	0	0	0	0	0	0	0	0
06307	서울특별시	강남구	논현로18길	광현빌라	0	0	0	0	0	0	0	0	0	0
06315	서울특별시	강남구	논현로2길	금성빌라	0	0	0	0	0	0	0	0	0	0

데이터 추출하기

우편번호를 이용해 주소를 검색해 봅시다. 우편번호의 열은 '0'입니다. '1은 시도, '2'는 시·군·구, '3'은 그 아래 주소이며, '4'는 건물명입니다. 한 예로 우편번호가 '02561'인 데이터를 추출해 우편번호와 주소를 표시해 봅시다. 단, 여기서 서울시 우편번호의 처음에 붙은 0은 'leading zero' 오류가 발생하므로 0을 빼고 검색하겠습니다. 실제 표시도 0 없이 표시됩니다.

chap4/chap4-2.py

```python
import pandas as pd

# 데이터 프레임을 읽어 들인다.
df = pd.read_csv("20200602_SEOUL.CSV", header=None)

# '0' 열이 '02561'인 주소를 추출해 표시한다.
results = df[df[0] == 2561]
print(results[[0,1,2,3,4]])
```

출력 결과

	2	6	7	8
38	2561	서울특별시	동대문구	답십리로6길

LESSON
13

'서울시 동대문구 답십리로6길'이 나왔어요. 굉장하네요.

다음은 주소를 이용해 우편번호를 알아봅시다. 예를 들어 주소가 '개포로'인 우편번호를 찾아봅니다. 이때 'df[df["열"] == "문자열"]'로 지정하면 '문자열이 완전히 일치하는 데이터'만 추출됩니다. 한편 df[df.str.contains("문자열")]로 지정하면 '문자열이 부분적으로 일치하는 데이터'를 추출할 수 있습니다.

형식: 부분적으로 일치하는 것을 추출하기

```python
df[df.str.contains("문자열")]
```

chap4/chap4-3.py

```python
import pandas as pd


# 데이터 프레임을 읽어 들인나.
df = pd.read_csv("20200602_SEOUL.CSV", header=None)


# '3' 열이 '개포로'인 주소를 추출해 표시한다.
results = df[df[3] == "개포로"]
print(results[[0,1,2,3,4]])


# '3' 열에 '개포로'라는 문자가 포함된 주소를 추출해 표시한다.
results = df[df[3].str.contains("개포로")]
print(results[[0,1,2,3,4]])
```

출력 결과

	0	1	2	3	4
5	6323	서울특별시	강남구	개포로	구룡역
7	6305	서울특별시	강남구	개포로	구룡초등학교
	0	1	2	3	4
1	6306	서울특별시	강남구	개포로31길	꿈꾸지오
2	6306	서울특별시	강남구	개포로25길	그린빌
5	6323	서울특별시	강남구	개포로	구룡역
7	6305	서울특별시	강남구	개포로	구룡초등학교
9	6306	서울특별시	강남구	개포로31길	골든강남빌
10	6306	서울특별시	강남구	개포로31길	골든뷰

'df[df[3] == "개포로"'로 추출하면 완전히 일치하는 2건이 표시되지만, 'df[df[3].str.contains("개
포로")'로 추출하면 부분적으로 일치하는 6건이 표시됩니다.

e-나라지표: 국정 모니터링 지표

오픈 데이터를 읽어 들여 그래프로 표시해 봅시다.

이번에는 정부가 공개하고 있는 통계 데이터를 살펴볼까요? 국세 조사 등으로 만들어진 데이터도 있어요.

정말요? 그런 데이터를 제가 봐도 되나요?

누구나 볼 수 있는 'e-나라지표'라는 정부 통계 데이터 사이트를 활용해 봅시다.

'e-나라지표' 사이트에서 '전국의 인구 추이 데이터'를 다운로드해 조사하여 봅시다.

먼저 'e-나라지표' 사이트에 액세스한 후 [통합 검색]에 '지역별 인구' 등을 입력해 검색합니다.

〈e-나라지표〉
http://www.index.go.kr

출처: e-나라지표
(http://www.index.go.kr)

입력

'지역별 인구 및 인구밀도' 항목을 클릭합니다.

지역별 인구 및 인구밀도에 대한 페이지가 표시되면 '통계표'가 보일 때까지 화면을 밑으로 내립니다. 다음 그림에서는 2015년부터 2018년까지의 지역별 인구가 표시되므로 이 자료를 참고로 할 경우에는 [엑셀] 버튼을 눌러 데이터를 다운로드합니다.

여기서는 2014년부터 데이터를 보고 싶으므로 [시계열 조회]를 클릭합니다.

그러면 지열별 인구를 기간을 정해 조회할 수 있는 화면이 표시됩니다. ❶ 기간을 '2014~2018'로 지정한 후 ❷ [조회]를 클릭하면 해당 자료가 나타납니다. 여기서 ❸ [엑셀저장]을 클릭합니다.

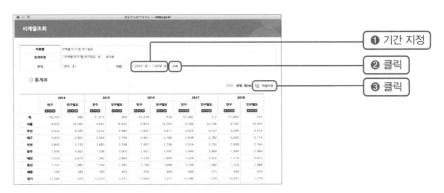

엑셀 파일을 열어 확인해 봅시다.

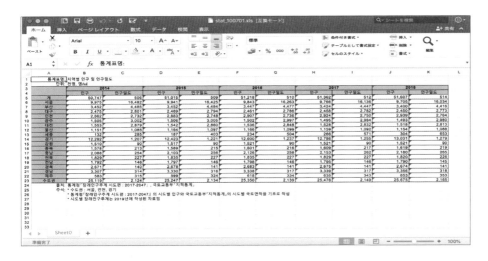

그런데 이 책에서는 엑셀 파일이 아니라 CSV 파일을 읽어 들여 데이터를 표시하므로 엑셀 파일을 CSV 파일로 변환해야 합니다. 변환할 때는 엑셀에서 [파일] → [다른 이름으로 저장]을 클릭한 후 파일 형식에서 'CSV UTF-8(쉼표로 분리)(.csv)'를 선택하면 됩니다.

> **주의: LESSON 14의 샘플**
> LESSON 14의 샘플은 e-나라지표(http://www.index.go.kr)의 데이터를 가공해 작성했습니다. 여기서는 인구 밀도를 삭제하고 CSV 파일을 보기 좋게 정리했습니다. 이 책의 코드를 실행할 때는 샘플 파일(stat_100701.CSV)을 이용하기 바랍니다. 여러분이 직접 데이터를 다룰 때는 데이터의 구조를 보고 가공해야 할 경우가 있습니다.

CC 라이선스 'CC BY'로 공개돼 있는 데이터는 저작권 정보를 명기하기만 하면 무료로 자유롭게 이용할 수 있습니다.

 CC 라이선스

CC 라이선스(Creative Commons License)란, 인터넷 시대를 위해 새로 마련된 저작권 룰로, 정보를 공개하는 권리자가 '이 조건을 지키면 내 작품을 자유롭게 사용해도 괜찮습니다'라는 의사를 표시하기 위한 마크입니다. CC 라이선스를 이용하면 권리자는 저작권을 갖고 있으면서 작품이나 데이터를 자유롭게 유통시킬 수 있습니다.

라이선스 종류에는 여러 가지가 있지만, 'CC BY'는 가장 자유도가 높고, 권리자의 정보를 명기하기만 하면 무료로 이용할 수 있으며, 수정이나 영리 목적으로 사용할 수도 있는 라이선스입니다. '이 사이트의 데이터를 이용하고 있다는 것을 표시하고 사이트 페이지에 대한 링크를 추가'하면 자유롭게 이용할 수 있습니다.

〈CC 라이선스〉
http://cckorea.org/xe/ccl

CSV 파일 읽어 들이기

이제 CSV 파일을 텍스트 에디터에서 열어 확인해 봅시다.

```
전국 지역별,2014년,2015년,2016년,2017년,2018년
전국,"50,747","51,015","51,218","51,362","51,607"
서울,"9,975","9,941","9,843","9,766","9,705"
부산,"3,452","3,452","3,447","3,424","3,400"
대구,"2,475","2,469","2,461","2,458","2,450"
인천,"2,862","2,883","2,907","2,924","2,939"
광주,"1,505","1,506","1,502","1,495","1,493"
대전,"1,553","1,542","1,536","1,528","1,518"
울산,"1,151","1,164","1,166","1,159","1,154"
세종,132,187,234,266,304
경기,"12,282","12,423","12,600","12,786","13,031"
강원,"1,510","1,517","1,521","1,521","1,521"
충북,"1,578","1,580","1,601","1,600","1,610"
```

첫 번째 행이 헤더로 돼 있습니다. 한글은 UTF-8을 사용하고 있으므로 인코딩을 따로 지정할 필요가 없습니다. 각 행의 데이터를 지정하는 데는 '전국 지역별'이 좋을 듯합니다. 그래서 pandas에서 '인덱스="전국 지역별"'로 데이터를 읽어 들이겠습니다. 데이터 건수와 항목명을 표시해 봅시다.

chap4/chap4-4.py

```python
import pandas as pd

# 데이터 프레임을 읽어 들인다.
df = pd.read_csv("stat_100701.csv", index_col="전국 지역별",
print(len(df))
print(df.columns.values)
```

파일명은 다운로드한 지점에 따라 달라지므로 필요에 따라 변경하기 바랍니다.

출력 결과

```
18
['2014년' '2015년' '2016년' '2017년' '2018년']
```

데이터 건수는 '지역 + 전국'으로 총 18건입니다. 데이터는 다음과 같이 이뤄져 있다고 생각할 수 있습니다.

전국 지역별	2014년	2015년	2016년	2017년	2018년
전국	50,747	51,015	51,218	51,362	51,607
서울	9,975	9,941	9,843	9,766	9,705
부산	3,452	3,452	3,447	3,424	3,400
대구	2,475	2,469	2,461	2,458	2,450
인천	2,862	2,883	2,907	2,924	2,939

LESSON
14

125

데이터를 그래프로 표시하기

'2018년의 인구 데이터'를 추출해 막대 그래프로 표시해 봅시다. print(df["2018년"]이라고 지정해 추출한 데이터도 표시해 보겠습니다.

chap4/chap4-5.py

```python
import pandas as pd
# 여기에 한글 깨짐 방지 코드를 추가한다(94쪽 참조).

# 데이터 프레임을 읽어 들인다.
df = pd.read_csv("stat_100701.csv", index_col="전국 지역별")

print(df["2018년"])
# 2018년 열 데이터로 막대 그래프를 만들어 표시한다.
df["2018년"].plot.bar()
plt.show()
plt.show()
```

출력 결과

```
전국 지역별
전국    51,607
서울     9,705
부산     3,400
대구     2,450
(…생략…)


Traceback (most recent call last):
  :
    df["2018년"].plot.bar()
TypeError: no numeric data to plot
```

열 데이터는 표시됐지만, 그래프는 표시되지 않고 'no numeric data to plot(플롯할 수치 데이터가 없다)'는 오류가 나왔습니다. 인구 수치 데이터를 살펴보면 콤마가 붙어 있습니다. 이 때문에 오류가 나온 것입니다.

오픈 데이터는 데이터 작성자에 따라 여러 방법으로 저장됩니다. 이번에는 '51,607'과 같이 콤마가 붙어 있는데, 이는 사람이 읽기 쉽도록 붙여 놓은 것이므로 컴퓨터가 읽을 때는 오류가 발생합니다. 이런 경우는 콤마를 '빈 문자'로 바꿔 '51607'과 같은 수치로 변환한 후에 그래프용 데이터로 사용해야 합니다.

형식: 수치 데이터의 콤마를 삭제해 수치로 변환하기

```
df["항목명"] = pd.to_numeric(df["항목명"].str.replace(",", ""))
```

chap4/chap4-6.py

```python
import pandas as pd
import matplotlib.pyplot as plt
# 여기에 한글 깨짐 방지 코드를 추가한다(94쪽 참조).


# 데이터 프레임을 읽어 들인다.
df = pd.read_csv("stat_100701.csv", index_col="전국 지역별")


# 2018년 열 데이터로 막대 그래프를 만들어 표시한다.
df["2018년"] = pd.to_numeric(df["2018년"].str.replace(",", ""))
print(df["2018년"])
df["2018년"].plot.bar()
plt.show()
```

콤마 삭제

LESSON 14

출력 결과

```
전국 지역별
전국    51607
서울    9705
부산    3400
대구    2450
      ⋮
```

콤마를 삭제하면 제대로 표시돼요.

콤마가 없는 수치 데이터가 표시되고 그래프도 제대로 표시됩니다.

그런데 그래프를 보면 이상한 점이 2개 있습니다. '그래프의 화면 크기가 작아 지역명이 보기 힘들다.'는 점과 '전국 수치가 혼자 튀어 지역별 데이터가 보기 힘들다.'는 점입니다.

먼저 첫 번째 문제를 해결해 봅시다. 그래프의 화면 크기를 크게 만들겠습니다. 이를 지정하려면

DataFrame.plot.bar(figsize=(폭 인치, 높이 인치) 명령을 사용해야 합니다.

형식: 그래프를 표시할 화면 크기 지정하기

```
DataFrame.plot.bar(figsize=(폭 인치, 높이 인치))
```

다음은 두 번째 문제를 해결해 봅시다. 지역별 인구만 비교하고 싶으면 '전국 행 데이터'는 삭제합니다. df = df.drop("전국", axis=0)이라고 지정합니다.

chap4/chap4-7.py

```
import pandas as pd
import matplotlib.pyplot as plt
# 여기에 한글 깨짐 방지 코드를 추가한다(94쪽 참조).


# 데이터 프레임을 읽어 들인다.
df = pd.read_csv("stat_100701.csv", index_col="전국 지역별")


# 2018년 열 데이터로 막대 그래프를 만들어 표시한다.
df = df.drop("전국", axis=0)·····················전국 행 데이터를 삭제한다.
df["2018년"] = pd.to_numeric(df["2018년"].str.replace(",", ""))
df["2018년"].plot.bar(figsize=(10, 6))
plt.show()
```

단계적으로 보기 좋게 만들어갈게요.

네~

출력 결과

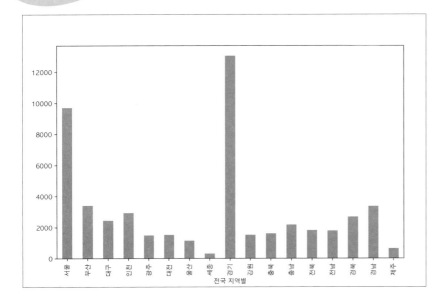

자, 이것으로 각 지역의 인구 차이를 쉽게 알 수 있게 됐습니다.

그런데 서울부터 제주 순으로 돼 있어서 인구가 많은 순서를 알기 어렵습니다. 인구가 많은 순으로 정렬해 표시해 봅시다. df = df.sort_values("2018년",ascending=False)를 추가합니다.

LESSON
14

chap4/chap4-8.py

```python
import pandas as pd
import matplotlib.pyplot as plt
# 여기에 한글 깨짐 방지 코드를 추가한다(94쪽 참조).

# 데이터 프레임을 읽어 들인다.
df = pd.read_csv("stat_100701.csv", index_col="전국 지역별")

# 2018년 열 데이터로 인구가 많은 순으로 막대 그래프를 만들어 표시한다.
df = df.drop("전국", axis=0)
df["2018년"] = pd.to_numeric(df["2018년"].str.replace(",", ""))
df = df.sort_values("2018년",ascending=False)  ················ 정렬한다.
df["2018년"].plot.bar(figsize=(10, 6))
plt.show()
```

출력 결과

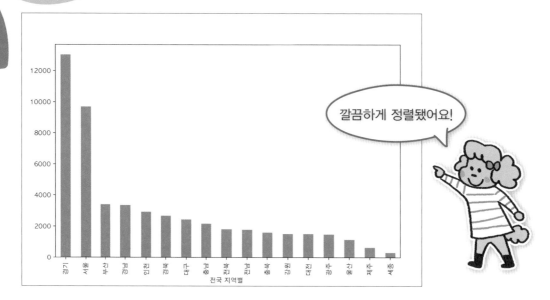

이렇게 하면 인구가 많은 순서로 쉽게 알 수 있습니다.

그런데 이 인구 추이 데이터에는 연도별 인구 데이터가 들어 있습니다. 두 해를 비교해 그 차를 조사하는 것도 가능하지 않을까요? 그렇게 하면 '인구의 증감'도 쉽게 알 수 있습니다. 이것은 '2개의 열 데이터의 차를 새로운 열로 만들어' 마련할 수 있습니다.

형식: 2개의 열 데이터의 차를 새로운 열로 만든다

```
df["증감 데이터"] = df["열1"] - df["열2"]
```

예를 들어, '2018년'에서 '2017년'을 빼 새로 '인구 증감'을 만들어 봅시다. 뺄셈에서 오류가 나오지 않도록 '2017년' 데이터도 콤마를 삭제해 수치화하여 둡니다. 마지막으로 '인구 증감'이 큰 순으로 나열해 표시하여 봅시다.

이번에는
인구 증감 순으로
정렬해 봐요.

chap4/chap4-9.py

```python
import pandas as pd
import matplotlib.pyplot as plt
# 여기에 한글 깨짐 방지 코드를 추가한다(94쪽 참조).

# 데이터 프레임을 읽어 들인다.
df = pd.read_csv("stat_100701.csv", index_col="전국 지역별")

# 2018년 열 데이터로 막대 그래프를 만들어 표시한다.
df = df.drop("전국", axis=0)
df["2017년"] = pd.to_numeric(df["2017년"].str.replace(",", ""))
df["2018년"] = pd.to_numeric(df["2018년"].str.replace(",", ""))
df["인구 증감"] = df["2018년"] - df["2017년"]  ………… 차이를 구한다.
df = df.sort_values("인구 증감",ascending=False)
df["인구 증감"].plot.bar(figsize=(10, 6))
plt.show()
```

LESSON
14

출력 결과

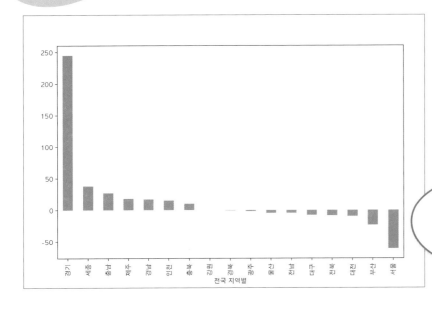

경기도가 굉장히
많이 늘었네요.
진짜 그런가요?

출력 결과를 보면 경기도에 집중하고 있는 듯이 보입니다. 납득이 가는 결과처럼 보이기는 하지만, 세로 선의 눈금을 잘 살펴보세요. 최댓값이 250입니다. 지금까지 세로 눈금은 13,000이었기 때문에 세로 스케일이 상당히 다르다는 것을 알 수 있습니다. matplotlib은 그래프를 표시할 때 최솟값과 최댓값을 이용해 스케일을 자동으로 조정하므로 이렇게 되는 것입니다.

그래서 세로 스케일을 원래의 스케일에 맞춰 봅시다. 그래프의 세로축의 최솟값과 최댓값을 지정하려면 plt.ylim(최솟값, 최댓값)으로 지정해야 합니다. 최솟값을 −40, 최댓값을 13,000으로 해 봅시다.

형식: 그래프의 세로축 최솟값과 최댓값 지정하기

```
plt.ylim(최솟값, 최댓값)
```

chap4/chap4-10.py

```python
import pandas as pd
import matplotlib.pyplot as plt
# 여기에 한글 깨짐 방지 코드를 추가한다(94쪽 참조).

# 데이터 프레임을 읽어 들인다.
df = pd.read_csv("stat_100701.csv", index_col="전국 지역별")

# 2018년 열 데이터로 막대 그래프를 만들어 표시한다.
df = df.drop("전국", axis=0)
df["2017년"] = pd.to_numeric(df["2017년"].str.replace(",", ""))
df["2018년"] = pd.to_numeric(df["2018년"].str.replace(",", ""))
df["인구 증감"] = df["2018년"] - df["2017년"]
df = df.sort_values("인구 증감",ascending=False)
df["인구 증감"].plot.bar(figsize=(10, 6))
plt.ylim(-40, 13000) ················ 세로축의 스케일을 지정한다.
plt.show()
```

세로 눈금을
원래 눈금으로
맞춰요.

출력결과

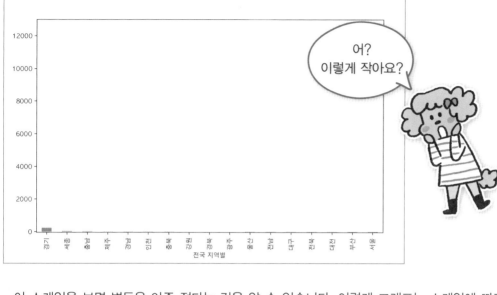

이 스케일을 보면 변동은 아주 적다는 것을 알 수 있습니다. 이렇게 그래프는 스케일에 따라 특징이 강조되는 경우가 있습니다.

LESSON
14

이번에는 알기 쉽게 'e-나라지표'에서 '전국의 인구 데이터'를 사용했지만, 사이트에는 여러 통계 데이터가 공개돼 있어요. 다른 것도 한번 찾아보세요.

대단한 건 알겠지만, 너무 대단해서 찾다가 포기해 버릴 것 같아요. 좀 더 저한테 맞는 쉬운 데이터는 없어요?

그럼 이번에는 좀 더 알기 쉽게 사용할 수 있는 데이터로 연습해 봐요.

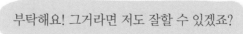부탁해요! 그거라면 저도 잘할 수 있겠죠?

LESSON 15

Chapter **4**
오픈 데이터를 분석해 보자

기상자료개방포털: 기상청 날씨 데이터 서비스

여러 개의 데이터를 읽어 들여 그래프로 표시해 봅시다.

 기상청 사이트에서는 날씨 데이터를 원하는 조건에 맞게 찾을 수 있는 서비스를 제공하고 있어요.

잘 모르는 사람도 쉽게 이용할 수 있나요?

 그럼요. 날씨 데이터를 쉽게 알 수 있도록 구성돼 있어요.

　　기상청 사이트인 '기상자료개방포털'에서 '서울의 평균기온', '최고기온', '최저기온' 데이터를 살펴 봅시다.
　　먼저 '기상자료개방포털'에 액세스합니다.

〈기상자료개방포털 〉
https://data.kma.go.kr/

출처:
기상자료개방포털(https://data.kma.go.kr/)

기상자료개방포털 사이트의 메뉴 중 ❶ [데이터]에 마우스 커서를 올려놓으면 데이터 메뉴가 펼쳐집니다. 여기서 가장 왼쪽 위에 있는 ❷ '기상관측' → '지상'을 클릭합니다.

그러면 종관기상관측(ASOS) 화면이 나타납니다. 화면을 조금 아래로 스크롤해서 '자료'의 '검색 조건'을 살펴봅시다. 먼저 자료 형태의 ❶ [시간 자료]에서 [년 자료]를 선택합니다. ❷ '기간'은 '2010년 ~2019년'으로 지정합니다. ❸ '지점'은 왼쪽 상자에서 '서울특별시'에 체크 표시를 하고, 보고 싶은 데이터는 오른쪽 상자의 '기온'에서 ❹ '평균기온'에 체크 표시를 합니다. 그 다음 ❺'조회'를 클릭하면 원하는 자료가 나타납니다.

LESSON 15

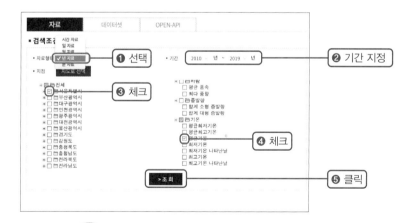

MEMO 기상자료개방포털

기상청 국가기후데이터센터에서 서비스 중인 기상자료개방포털(data.kma.go.kr)은 언제 어디서 누구나 모든 날씨 데이터를 한 곳에서 찾을 수 있는 서비스입니다.

자료 보기에서 오른쪽 위에 있는 [CSV]를 클릭하면 해당 데이터를 다운로드할 수 있습니다. CSV 파일 외에 엑셀 파일로도 다운로드할 수 있습니다.

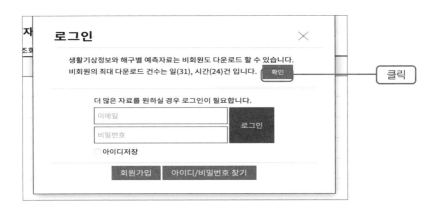

■ 자료보기

※조회 결과는 10건만 표출 됩니다. 상세결과는 파일 다운로드를 이용해주세요

지점	시간	평균기온(°C)
서울(108)	2010	12.1
서울(108)	2011	12
서울(108)	2012	12.2
서울(108)	2013	12.5
서울(108)	2014	13.4
서울(108)	2015	13.6
서울(108)	2016	13.6
서울(108)	2017	13
서울(108)	2018	12.9
서울(108)	2019	13.5

클릭

클릭하면 로그인 화면이 나오지만, 비회원도 일정 건수는 다운로드할 수 있습니다. [확인]을 클릭하면 다운로드가 진행됩니다.

로그인 ×

생활기상정보와 해구별 예측자료는 비회원도 다운로드 할 수 있습니다.
비회원의 최대 다운로드 건수는 일(31), 시간(24)건 입니다. 확인

더 많은 자료를 원하실 경우 로그인이 필요합니다.

이메일

비밀번호

로그인

아이디저장

회원가입   아이디/비밀번호 찾기

클릭

같은 방법으로 서울시의 2010년부터 2019년 동안의 '최고기온'과 '최저기온'도 조회해 저장합니다. 그러면 3개의 CSV 파일(OBS_ASOS_ANL_20200719033020.csv, OBS_ASOS_ANL_ 20200719033129. csv, OBS_ASOS_ANL_20200719033143.csv)이 다운로드됩니다(※ 파일명의 번호는 다운로드할 때마다 바뀝니다).

OBS_ASOS_ANL_2 OBS_ASOS_ANL_2 OBS_ASOS_ANL_2
020071...3143.csv 020071...3020.csv 020071...3129.csv

저작자의 정보를 기재하면 기상 데이터를 무료로 자유롭게 사용할 수 있습니다.

주의: LESSON 15의 샘플
LESSON 15의 샘플은 기상자료개방포털(https://data.kma.go.kr/)의 데이터를 가공해 작성하였습니다. 또한 다운로드한 파일명이 길기 때문에 편의상 평균기온은 'Sample_1. csv', 최고기온은 'Sample_2.csv', 최저기온은 'Sample_3.csv'로 수정하겠습니다.

CSV 파일 읽어 들이기

먼저 3개의 CSV 파일을 텍스트 에디터로 열어 확인해 봅시다.

```
                          ▲ Sample_1
지점,지점명,일시,평균기온(°C)
108,서울,2010,12.1
108,서울,2011,12
108,서울,2012,12.2
108,서울,2013,12.5
108,서울,2014,13.4
108,서울,2015,13.6
108,서울,2016,13.6
108,서울,2017,13
108,서울,2018,12.9
108,서울,2019,13.5
```

```
                          ▲ Sample_2
지점,지점명,일시,최고기온(°C)
108,서울,2010,33.8
108,서울,2011,34.1
108,서울,2012,36.7
108,서울,2013,33.9
108,서울,2014,35.8
108,서울,2015,36
108,서울,2016,36.6
108,서울,2017,35.4
108,서울,2018,39.6
108,서울,2019,36.8
```

```
                          ▲ Sample_3
지점,지점명,일시,최저기온(°C)
108,서울,2010,-15.3
108,서울,2011,-17.8
108,서울,2012,-17.1
108,서울,2013,-16.4
108,서울,2014,-13.2
108,서울,2015,-13
108,서울,2016,-18
108,서울,2017,-12.6
108,서울,2018,-17.8
108,서울,2019,-10.9
```

'평균기온', '최고기온', '최저기온', 이렇게 3개네요.

LESSON
15

1행이 헤더로 돼 있습니다. 한글은 UTF-8을 사용하므로 그대로 읽어 들일 수 있습니다. 각 행의 데이터를 지정하는 데는 '일시'를 사용할 수 있을 것 같습니다.

따라서 pandas에서 '인덱스="일시"'로 지정해 3개의 데이터를 읽어 들입니다. 각 데이터의 항목명을 표시해 봅시다.

chap4/chap4-11.py

```python
import pandas as pd

# 데이터 프레임을 읽어 들인다.
df1 = pd.read_csv("Sample_1.csv", index_col="일시")
df2 = pd.read_csv("Sample_2.csv", index_col="일시")
df3 = pd.read_csv("Sample_3.csv", index_col="일시")

print(df1.columns.values)
print(df2.columns.values)
print(df3.columns.values)
```

출력 결과

```
['지점' '지점명' '일시' '평균기온(℃)']
['지점' '지점명' '일시' '최고기온(℃)']
['지점' '지점명' '일시' '최저기온(℃)']
```

다음과 같은 데이터로 이뤄져 있다고 생각할 수 있습니다.

Sample_1.csv

지점	지점명	일시	평균기온(℃)
108	서울	2010	12.1
108	서울	2011	12
108	서울	2012	12.2

Sample_2.csv

지점	지점명	일시	최고기온(℃)
108	서울	2010	33.8
108	서울	2011	34.1
108	서울	2011	36.7

Sample_3.csv

지점	지점명	일시	최저기온(℃)
2008年	서울	2010	−15.3
2009年	서울	2011	−17.8
2010年	서울	2011	−17.1

데이터를 그래프로 표시하기

평균기온을 추출해 꺾은선 그래프로 표시해 봅시다. 열을 지정할 때는 조금 전에 표시한 문자열을 사용합니다. '평균기온(℃)'으로 열을 지정해 꺾은선 그래프를 만들고 표시하기만 하면 됩니다.

 chap4/chap4-12.py

```python
import pandas as pd
import matplotlib.pyplot as plt
# 여기에 한글 깨짐 방지 코드를 추가한다(94쪽 참조).

# 데이터 프레임을 읽어 들인다.
df1 = pd.read_csv("Sample_1.csv", index_col="일시")

# 평균기온으로 꺾은선 그래프를 표시한다.
df1["평균기온(℃)"].plot()
plt.show()
```

LESSON
15

출력 결과

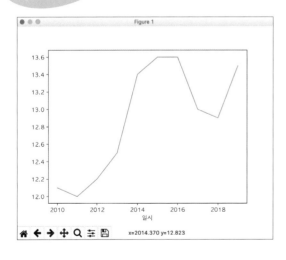

이렇게 기온차가 크면 몸에 안 좋을 것 같아요.

평균기온이 위아래로 심하게 움직이는 것처럼 보이지만, 세로 눈금을 보면 최솟값이 '12', 최댓값이 '13.6'밖에 안 됩니다. 이것을 일반적인 기온 스케일로 표시해 봅시다. 최솟값을 '−10', 최댓값을 '40'으로 설정합니다.

chap4/chap4-13.py

```python
import pandas as pd
import matplotlib.pyplot as plt
# 여기에 한글 깨짐 방지 코드를 추가한다(94쪽 참조).

# 데이터 프레임을 읽어 들인다.
df1 = pd.read_csv("Sample_1.csv", index_col="일시")

# 평균기온으로 꺾은선 그래프를 표시한다.
df1["평균기온(℃)"].plot()
plt.ylim(-10,40) ····················· 세로 눈금을 설정한다.
plt.show()
```

출력 결과

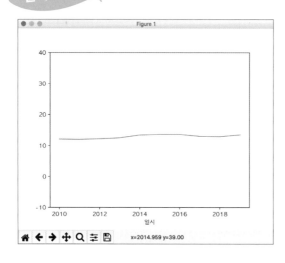

와,
눈금을 맞추니
안정됐네요.

이 스케일로 보면 안정돼 있다는 것을 알 수 있습니다. 이제 이 그래프에 최고기온과 최저기온을 겹쳐 표시해 봅시다.

그래프를 겹쳐 표시할 때는 'plt.show()'를 실행하기 전에 여러 개의 그래프를 그리면 됩니다. 평균기온, 최고기온, 최저기온을 '.plot()'으로 만든 후에 마지막에 'plt.show()'을 실행해 봅시다. 여러 개의 그래프가 표시되므로 구별하기 쉽도록 범례도 표시하겠습니다. 또 기온 스케일의 최솟값은 '−40', 최댓값은 '50'으로 합니다.

chap4/chap4-14.py

```python
import pandas as pd
import matplotlib.pyplot as plt
# 여기에 한글 깨짐 방지 코드를 추가한다(94쪽 참조).


#데이터 프레임을 읽어 들인다.
df1 = pd.read_csv("Sample_1.csv", index_col="일시")
df2 = pd.read_csv("Sample_2.csv", index_col="일시") ┄┄┄
df3 = pd.read_csv("Sample_3.csv", index_col="일시") ┄┄┄
                                                        데이터를 읽어 들인다.

# 3개의 그래프를 겹쳐 표시한다.
df1["평균기온(℃)"].plot()
df2["최고기온(℃)"].plot() ┄┄┄
df3["최저기온(℃)"].plot() ┄┄┄  ┄┄┄┄┄┄ 그래프를 작성한다.
plt.ylim(-40,50)
plt.legend(loc="lower right") ┄┄┄┄┄┄ 범례를 표시한다.
plt.show()
```

LESSON
15

출력 결과

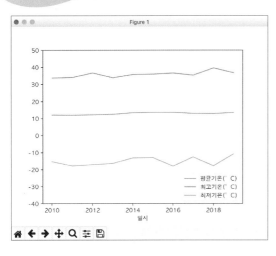

색으로
구분되니
보기 좋네요.

3개의 그래프가 겹쳐 표시됐습니다.

LESSON 16

공공데이터포털: 지방자치단체 데이터

지방과 밀착된 오픈 데이터를 읽어 들여 지도에 표시해 봅시다.

대부분의 지방자치단체는 오픈 데이터화를 확대하고 있어요. 지방자치단체를 포함한 여러 공공 데이터는 공공데이터포털이라는 사이트에서 통합해 공개하고 있어요.

그런 좋은 게 있었어요?

지방자치단체의 오픈 데이터는 '그 지역을 위한 데이터'가 많기 때문에 정부 데이터와는 조금 달라요.

해당 지역에 살고 있는 사람들을 위한 데이터네요.

이 '공공데이터포털' 사이트에서 '세종특별자치시 소방서 데이터'와 '서귀포시 모범음식점 데이터'를 다운로드해 조사하여 봅시다. 먼저 '공공데이터포털' 사이트에 액세스합니다.

〈공공데이터포털〉
https://www.data.go.kr

출처: 공공데이터포털
(https://www.data.go.kr)

다운로드할 수 있는 CSV 데이터가 필요하므로 검색 조건 중 ❶ [서비스 유형]에서 [다운로드]를 선택하고, ❷ '확장자'에서는 [CSV]를 선택해 범위를 좁힙니다. 그리고 ❸ 검색어에 '세종특별자치시 소방서'라고 입력한 후 ❹ [검색] 버튼을 클릭합니다.

그러면 입력한 검색어로 된 데이터가 검색됩니다. 여기서는 총 897건이 검색됐습니다. 파일 데이터 중 가장 위에 있는 데이터(세종특별자치시_소방서현황)를 다운로드합니다. 해당 자료의 오른쪽 아래에 있는 [다운로드] 버튼을 클릭합니다.

이와 똑같은 방법으로 서귀포시의 모범음식점 데이터도 찾아봅시다. ❶ 검색어로 '서귀포시 모범음식점'이라고 입력한 후 ❷ [검색] 버튼을 클릭합니다.

총 914건이 검색됐습니다. 파일 데이터 중에서 CSV 파일로 돼 있는 맨 위의 데이터(제주특별자치도_서귀포시_모범음식점현황)를 다운로드합니다. ❸ 해당 자료의 오른쪽 아래에 있는 [다운로드] 버튼을 클릭합니다.

그러면 2개의 CVS 파일(세종특별자치시_20190513.csv, 제주특별자치도-서귀포시_모범음식점형황_20181101.csv)이 다운로드됩니다.

세종특별자치시_소방서 제주특별자치도_서귀포
현황_20190513..csv 시_모범음…1101..csv

주의: LESSON 16 샘플

LESSON 16의 샘플은 공공데이터포털(https://www.data.go.kr)의 데이터를 가공해 작성하였습니다. 또한 파일명이 길기 때문에 편의상 '세종특별자치시_소방서현황_20190513.csv'은 'firehouses.csv', '제주특별자치도_서귀포시_모범음식점형황_20181101.csv'는 'restaurants.cvs'로 수정해 사용하겠습니다. 이 장의 예제는 책과 함께 제공되는 파일을 사용하기 바랍니다.

저작권 정보를 명기하기만 하면 '공공데이터포털'의 데이터를 무료로 자유롭게 이용할 수 있어요.

CSV 파일(소방서) 읽어 들이기

먼저 소방서 CSV 파일(firehouses.csv)을 텍스트 에디터로 열어 확인해 봅시다. 인코딩은 UTF-8이므로 pandas에서 따로 지정할 필요가 없습니다. 각 데이터 항목을 표시해 봅시다.

```
● ● ●               🔲 firehouses.csv ˅
연번,구분,시설물명,주소,위도,경도,관할구역,연락처,데이터기준일자
1,소방서,조치원소방서 ,세종특별자치시 조치원읍 세종로 2439,36.60479683,127.2889181,"소정면, 전의면, 전동면,
조치원읍, 연서면, 연동면, 부강면",044-300-8119,2019-05-13
2,소방서,세종소방서,세종특별자치시 절재로 301,36.50601488,127.2739352,"아름동, 종촌동, 도담동, 연기면, 어진
동, 한솔동, 금남면, 장군면",044-300-6119,2019-05-13
3,119안전센터,조치원119안전센터,세종특별자치시 조치원읍 세종로 2439,36.60479683,127.2889181,조치원
읍,044-300-8502,2019-05-13
4,119안전센터,전의119안전센터,세종특별자치시 전의면 서정길 46-6,36.68647966,127.1923418,"전의면, 소정
면",044-300-8522,2019-05-13
5,119안전센터,부강119안전센터,세종특별자치시 부강면 청연로 7,36.52834441,127.3721168,"부강면, 연동
면",044-300-8542,2019-05-13
6,119안전센터,한솔119안전센터,세종특별자치시 노을3로 29,36.48050107,127.2592076,"한솔동, 다정동, 새롬동, 나
성동, 가람동, 장군면",044-300-8563,2019-05-13
7,119안전센터,아름119안전센터,세종특별자치시 보듬3로 119(아름동),36.51141552,127.2466441,"고운동, 아름동,
종촌동, 연기면 ",044-300-8582,2019-05-13
```

1행이 헤더로 돼 있습니다. 각 데이터의 항목명을 표시해 봅시다.

chap4/chap4-15.py

```python
import pandas as pd

# 데이터 프레임을 읽어 들인다.
df = pd.read_csv("firehouses.csv")

print(len(df))
print(df.columns.values)
```

LESSON 16

🌿 **출력 결과**

```
19
['연번' '구분' '시설물명' '주소' '위도' '경도' '관할구역' '연락처' '데이터기준일자']
```

여기서는 '소방서가 있는 지점을 찾고 싶기' 때문에 '위도'와 '경도'에 주목하기 바랍니다.

연번	구분	시설물명	위도	경도
1	소방서	조치원소방서	36.60479683	127.2889181
2	소방서	세종소방서	36.50601488	127.2739352
3	119안전센터	조치원119안전센터	36.60479683	127.2889181

이 '위도'와 '경도'를 꺼내 리스트로 만들어 소방서가 있는 지점 데이터를 표시해 보겠습니다. 또한 건수와 값도 표시합니다.

chap4/chap4-16.py

```python
import pandas as pd

# 데이터 프레임을 읽어 들인다.
df = pd.read_csv("firehouses.csv")

# 소방서가 있는 위치(위도, 경도)를 리스트로 만든다.
fh = df[["위도","경도"]].values ·····················  리스트로 만든다.
print(len(fh)) ·································  건수를 표시한다.
print(fh) ·····································  리스트를 표시한다.
```

출력 결과

```
19
[[ 36.60479683 127.2889181 ]
 [ 36.50601488 127.2739352 ]
 [ 36.60479683 127.2889181 ]
 (…생략…)
 [ 36.5441212  127.2758917 ]
 [ 36.49654061 127.2041824 ]
 [ 36.55875661 127.3266955 ]]
```

소방서는 총 19군데 있습니다. 하지만 이 숫자만으로는 어디에 있는지 알 수가 없습니다. 그래서 이 위치를 지도에 표시해 봅시다. 지도를 표시해 마커를 추가할 때는 'folium' 라이브러리를 사용하는 것이 편리합니다.

folium 설치하기

folium(폴리움)은 지도를 표시하거나 지도상에 마커를 추가할 수 있는 외부 라이브러리입니다. 다음 순서대로 설치합니다. 좀 더 자세한 방법은 1장 '라이브러리 설치 방법'을 참고하기 바랍니다.

① 윈도에 설치할 때는 명령줄을 사용한다

```
pip install folium
```

② macOS에 설치할 때는 터미널을 사용한다

```
pip3 install folium
```

소방서를 지도에 표시하기

지도를 표시하려면 'import folium'이라고 입력해 folium 라이브러리를 임포트합니다.

지정한 지점을 만들려면 m = folium.Map([위도, 경도], zoom_start = 확대 배율)이라는 명령을 사용합니다. 여기서 만든 지도는 웹 브라우저를 사용해 표시하기 때문에 m.save("파일명.html")이라고 명령해 HTML 파일을 만들게 됩니다.

형식: 지정한 지점의 지도 만들기

```
m = folium.Map([위도, 경도], zoom_start=확대 배율)
```

형식: 지도를 표시할 HTML 파일 쓰기

```
m.save("파일명.html")
```

먼저 '어떤 지점의 지도 HTML 파일'을 만들어 봅시다. 세종시의 위도와 경도를 지정합니다.

chap4/chap4-17.py

```
import folium

# 지도를 만들어 HTML로 저장한다.
m = folium.Map(location=[36.5400, 127.2700], zoom_start=12)
                                           ·············· 지도를 작성한다.

m.save("sejong.html") ···················· HTML로 저장한다.
```

LESSON
16

출력 결과 **sejong.html**

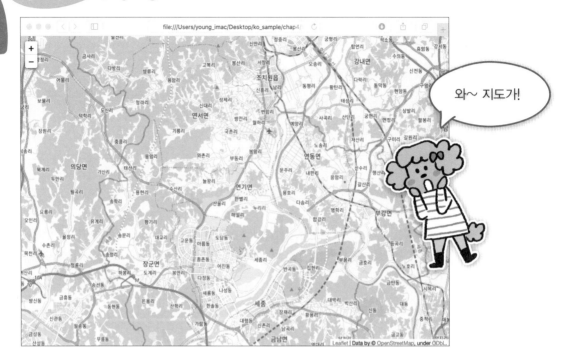

만들어진 HTML 파일을 웹 브라우저에서 열면 지도가 표시됩니다. 다음은 이 지도상에 마커를 하나 추가해 봅시다.

형식: 마커 추가하기

```
folium.Marker([위도, 경도]).add_to(m)
```

chap4/chap4-18.py

```python
import folium

# 지도를 만든다.
m = folium.Map(location=[36.5400, 127.2700], zoom_start=12)
folium.Marker([36.5000, 127.2541]).add_to(m)
m.save("marker1.html")
```

출력 결과   marker1.html

위도와 경도를 지정해 마커를 표시하는 방법을 알았지요? 이제 '소방서 리스트 데이터'를 사용해 마커를 표시하여 봅시다. 지도가 표시되고 소방서가 있는 위치에 마커가 표시됩니다.

chap4/chap4-19.py

```python
import pandas as pd
import folium

# 데이터 프레임을 읽어 들인다.
df = pd.read_csv("firehouses.csv")

# 소방서가 있는 위치(위도, 경도)를 리스트로 만든다.
fh = df[["위도","경도"]].values

# 지도를 만든다.
m = folium.Map(location=[36.5400, 127.2700], zoom_start=12)
for data in fh:
    folium.Marker([data[0], data[1]]).add_to(m)
m.save('firehouses.html')
```

출력 결과   firehouses.html

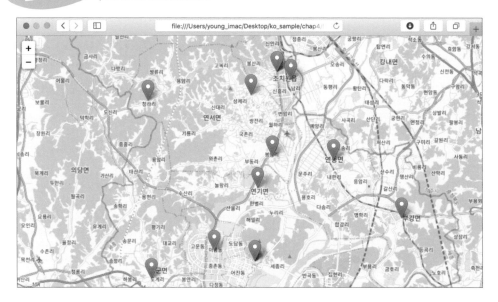

생각보다 많지 않네요. 그래도 안심돼요.

CSV 파일(음식점) 읽어 들이기

이번에는 음식점 CSV 파일(restaurants.csv)을 텍스트 편집기에서 열어 확인해 봅시다.

```
● ● ●                          restaurants.csv
업소명,소재지,위도,경도,전화번호,업태,주된음식,행정동,(재)지정사항,데이터기준일자
삼다해물뚝배기,제주특별자치도 서귀포시 일주동로 8167 (하효동),33.260322,126.6148546,064-733-0591,한식,해물뚝배
기,효돈동,재지정,2018-11-01
미항해장국효돈점,제주특별자치도 서귀포시 효돈로 11 (신효동),33.2608222,126.6007439,064-767-6767,한식,해장국,효돈
동,재지정,2018-11-01
낭밭식당,제주특별자치도 서귀포시 표선면 서성일로 31,33.3948805,126.8007685,064-787-0414,한식,돼지불고기,표선면,재
지정,2018-11-01
돌집식당,제주특별자치도 서귀포시 표선면 서성일로 23,33.3940309,126.8006415,064-787-3720,한식,흑돼지구이,표선면,재
지정,2018-11-01
성읍타운,제주특별자치도 서귀포시 표선면 성읍민속로 191,33.3932437,126.7963529,064-787-8005,한식,돼지불고기,표선
면,재지정,2018-11-01
목장원식당바스메,제주특별자치도 서귀포시 표선면 번영로 2524,33.4136187,126.7527705,064-787-3930,한식,말고기요리,
표선면,재지정,2018-11-01
강해일횟집,제주특별자치도 서귀포시 표선면 표선당포로 14,33.3257158,126.844434,064-787-7270,일식,활어회,표선면,재
지정,2018-11-01
오라방식당,제주특별자치도 서귀포시 표선면 성읍서문로 19,33.3860871,126.7995673,064-787-7878,한식,돼지불고기,표선
면,재지정,2018-11-01
금데기식당,제주특별자치도 서귀포시 표선면 표선당포로 19-5,33.3263531,126.8441227,064-787-1575,일식,활어회,표선
면,재지정,2018-11-01
국수앤백사장회센터,제주특별자치도 서귀포시 표선면 표선당포로 19-3,33.3262302,126.8442811,064-787-5630,일식,활어
회,표선면,재지정,2018-11-01
대우반점,제주특별자치도 서귀포시 표선면 표선중앙로 66,33.3270813,126.8316509,064-787-2577,중식,짜장면. 짬뽕,표선
```

첫 번째 행이 헤더로 돼 있습니다. 한글은 UTF-8로 돼 있으므로 pandas에서 그대로 읽어 들입니다.
각 데이터 항목명을 표시해 봅시다.

chap4/chap4-20.py

```python
import pandas as pd

# 데이터 프레임을 읽어 들인다.
df = pd.read_csv("restaurants.csv")

print(len(df))
print(df.columns.values)
```

출력 결과

```
151
['업소명' '소재지' '위도' '경도' '전화번호' '업태' '주된음식' '행정동' '(재)지정사항' '데이터기준일자']
```

항목은 많지만 '음식점이 있는 위치와 이름을 조사하고 싶기' 때문에 '위도'와 '경도', '업소명'에 주목합시다.

업소명	소재지	위도	경도	전화번호	업태	주된음식
삼다해물뚝배기	제주특별자치도 서귀포시 일주동로 8167 (하효동)	33.260322	126.6148546	064-733-0591	한식	해물뚝배기
미향해장국효돈점	제주특별자치도 서귀포시 효돈로 11 (신효동)	33.2608222	126.6007439	064-767-6767	한식	해장국
낭밭식당	제주특별자치도 서귀포시 표선면 서성일로 31	33.3948805	126.8007685	064-787-0414	한식	돼지불고기
돌집식당	제주특별자치도 서귀포시 표선면 서성일로 23	33.3940309	126.8006415	064-787-3720	한식	흑돼지구이
성읍타운	제주특별자치도 서귀포시 표선면 성읍민속로 191	33.3932437	126.7963529	064-787-8005	한식	돼지불고기
목장원식당바스메	제주특별자치도 서귀포시 표선면 번영로 2524	33.4136187	126.7527705	064-787-3930	한식	말고기요리
강해일횟집	제주특별자치도 서귀포시 표선면 표선당포로 14	33.3257158	126.844434	064-787-7270		

이 '위도'와 '경도', '업소명'을 꺼내 리스트를 만들고 가게의 위치 데이터를 표시해 봅시다. 건수와 그 값을 표시합니다.

앗! 잠깐만요.
맛있을 것 같은
식당이 많네요!

chap4/chap4-21.py

```python
import pandas as pd

# 데이터 프레임을 읽어 들인다.
df = pd.read_csv("restaurants.csv")

# 식당이 있는 위치(위도, 경도)를 리스트로 만든다.
store = df[["위도","경도","업소명"]].values
print(len(store))
print(store)
```

출력 결과

```
151
[[33.260321999999995 126.61485459999999 '삼다해물뚝배기']
 [33.2608222 126.6007439 '미향해장국효돈점']
 (…생략…)
 [33.249632 126.44648079999999 '늘품흑돼지']
 [33.311707500000004 126.7168645 '은빌레식당']
 [33.272954600000006 126.65301540000002 '나그네쉼터어시장수산식당']]
```

[Squeezed
text 151lines.]를
더블클릭하면
표시된다.

가게를 지도에 표시하기

이 데이터를 사용해 가게를 지도에 표시하여 봅시다. 또 마커에 마우스 커서를 올려 놓으면 해당 식당 이름이 툴팁으로 표시되도록 합니다.

형식: 마커 추가하기(툴팁 포함)

```
folium.Marker([위도, 경도], tooltip="문자열").add_to(m)
```

chap4/chap4-22.py

```python
import pandas as pd
import folium

# 데이터 프레임을 읽어 들인다.
df = pd.read_csv("restaurants.csv")

# 식당이 있는 위치(위도, 경도)를 리스트로 만든다.
store = df[["위도","경도","업소명"]].values

# 지도를 만들어 HTML로 저장한다.
m = folium.Map(location=[33.3530, 126.5159], zoom_start=11)
for data in ssstore:
    folium.Marker([data[0], data[1]], tooltip=data[2]).add_to(m)
m.save('store.html')
```

LESSON 16

이번에는
식당을 찾아봐요!

출력 결과 store.html

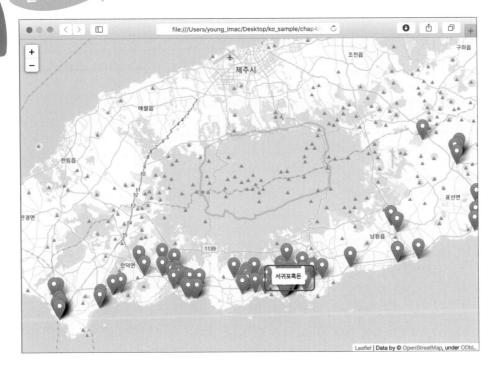

와~ '서귀포시 식당 지도'가 만들어졌어요.

조금 바꾸기만 하면 '전화번호'나 '영업시간'도 표시할 수 있어요.

오픈 데이터는 정말 편리하군요.

큰일났어요!

왜 그래요?

소용돌이 계곡의 데이터를
조사하고 있었는데, 7월이 되면
매일 이상한 서리로
뒤덮인대요.

그래서요?

그 서리 때문에 특산품인
포도 알맹이 색이 매일
빨강이나 검정, 녹색으로
바뀌어 버린대요.
이걸 조사해야겠어요.

그런 일이 있나요?
그럴 때 사용하면 편리한
웹 API라는 것이 있어요.

웹
API?

맞아요!
데이터를 자동으로
구할 수 있는 매우
편리한 장치에요.
알고 싶어요?

※ 소용돌이 계곡에서는 IT가 발달해서 포도 알맹이 색이 바뀌는 것을 웹 API로 구할 수 있게 돼 있어요.

물론이에요!

그럼,
구조를 살펴
봅시다!

5장에서 할 일

웹 API란?

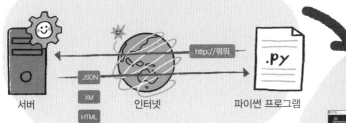

서버   인터넷   파이썬 프로그램

OpenWeatherMap이란?

현재 날씨를 조사해 보자.

도시명	= Jeju City
기온	= 23
날씨	= Rain
상세 날씨	= 실 비

5일 동안(3시간 간격)의 날씨를 조사해 보자.

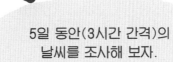

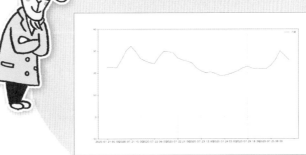

소개

LESSON
17

웹 API란?

웹 API를 사용해 인터넷에서 데이터를 구하고 분석하여 봅시다. 일기 예보를 구할 수 있는 OpenWeatherMap을 이용합니다.

이제 웹 API로 데이터를 구하는 방법을 시험해 볼까요?

왠지 어려울 것 같아요. 조금 전에 다운로드해서 조사하는 방법을 배웠으니 더는 필요 없어요.

물론 다운로드해서 분석하는 방법은 파일이 있으므로 알기 쉬웠지만, 데이터가 자주 갱신되는 경우에는 별로 적합하지 않아요.

무슨 뜻이에요?

우편번호나 소화기 위치처럼 자주 바뀌지 않는 데이터는 한번 다운로드해 놓으면 당분간은 그대로 사용할 수 있지만, 날씨나 주가처럼 매일 바뀌는 것은 그렇게 할 수 없어요.

그렇군요. 매일 다운로드해서 고쳐야 하니까요.

그럴 때는 웹 API를 사용하는 것이 좋아요. 실행할 때마다 프로그램이 데이터를 구해 주니까 갱신된 데이터를 구할 수 있어요.

그건 편리하겠네요. 항상 최신 데이터를 받을 수 있으니까요.

다른 컴퓨터의 기능 이용하기

웹 API란, '웹에서 다른 컴퓨터의 기능을 HTTP를 사용해 이용할 수 있도록 해 주는 장치'를 말합니다. 예를 들어 구글의 웹 API를 사용하면 여러분의 프로그램에서 검색이나 지도 기능을 이용할 수 있습니다. 아마존 등의 웹 API를 사용하면 여러분의 프로그램에서 상품 검색 기능을 이용할 수 있습니다.

자세히 말하면 'http://뭐뭐'라는 형식으로 프로그램이 서버에게 뭔가를 요청합니다. 요청을 하면 서버가 어떤 처리를 해 주고 그 결과 데이터를 반환해 주므로 그것을 받아 처리합니다. 송수신에 사용되는 데이터 형식은 서버에 따라 다양하지만 일반적으로는 JSON, XML, HTML, 이미지 파일 등이 있습니다.

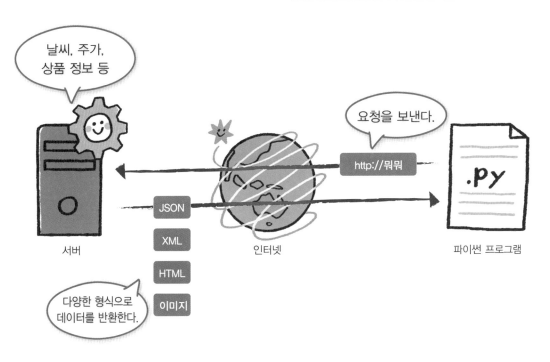

웹 API를 제공하는 서버는 '어떤 일을 할 수 있는지', '어떻게 액세스하는지' 등과 같은 사양도 함께 공개하고 있으므로 이것을 확인해 사용합시다. 대부분의 경우에는 계정을 만든 후에 이용합니다.

OpenWeatherMap
이란?

전 세계의 날씨 정보를 공개하고 있는 온라인 서비스를 이용하기 위한 준비를 해 봅시다.

그럼 매일 바뀌는 데이터의 예로 날씨 정보를 구해 볼까요?
OpenWeatherMap이라는 사이트의 웹 API를 이용할 거예요.

그거 제가 사는 곳의 내일 날씨도 알 수 있나요?

물론이죠. 여러 도시의 날씨와 기온도 구할 수 있어요.

와~ 집에서 우아하게 밀크티를 마시면서 전 세계 날씨 정보를 받아 볼 수 있는 기네요.

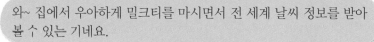

OpenWeatherMap은 전 세계의 날씨 정보를 구할 수 있는 해외 온라인 서비스입니다. 지정한 장소의 날씨와 기온, 습도, 기압, 풍속 등을 구할 수 있습니다.

무료 버전과 유료 버전이 있는데, 유료 버전은 좀 더 자세한 정보를 구할 수 있지만, 무료 버전도 '현재 날씨'와 '5일 동안(3시간 간격)의 날씨'를 구할 수 있으므로 이것을 시험해 봅시다.

※ OpenWeatherMap의 이용 조건은 16세 이상입니다.

MEMO CC BY-SA 4.0

'OpenWeatherMap'은 CC 라이선스 'CC BY-SA 4.0'로 공개돼 있습니다. 'CC BY'와 거의 똑같은 라이선스로, 무료로 이용할 수 있지만 공개를 할 때는 여러분이 가공했거나 바꾼 부분(여러분에게 저작권이 있는 부분)에도 'CC BY-SA 4.0'를 붙일 필요가 있습니다.

즉, '이 데이터는 누구나 자유롭게 사용할 수 있도록 공개하는 것이므로 여러분이 이것을 가공이나 바꾼 결과를 공개할 때도 누구나 자유롭게 사용할 수 있도록 해달라'는 라이선스입니다.

OpenWeatherMap 사이트 이용 순서

먼저 OpenWeatherMap의 메인 페이지에 액세스합니다. 현재 날씨가 표시됩니다(영어로만 표시됩니다).

※ 여기서 도시명을 입력한 후 [Search]를 클릭하면 해당 도시의 날씨를 볼 수 있습니다.

OpenWeatherMap
https://openweathermap.org

출처: OpenWeatherMap
(https://openweathermap.org)

> **주의: LESSON 18~20 샘플**
> LESSON 18~20에 나오는 샘플은 OpenWeatherMap (https://openweathermap.org)의 웹 API를 가공해 작성했습니다.

OpenWeatherMap의 웹 API를 이용하려면 다음과 같이 진행해야 합니다.

❶ 계정을 만든다.

❷ API 키를 구한다.

❸ API를 이용한다.

OpenWeatherMap 이용하기

1 계정을 만든다

메인 페이지에서 ❶ [Sign in] 버튼을 클릭하면 새 계정을 만들 수 있는 페이지(Create New Account)
가 표시됩니다. ❷ 이름(Username), 메일 주소(Enter email), 비밀번호(Password, Repeat Password)
를 입력한 후 ❸ 'I am 16 years old and over'와 'I agree with Privacy Policy, Terms and conditions
of sale and Websites terms and conditions of use', '로봇이 아닙니다'에 체크 표시를 하고 ❹
[Create Account] 버튼을 클릭해 계정을 만듭니다. 그러면 'How and where will you use our API'
대화상자가 나타납니다. 여기서 ❺ Company에 '회사명', ❻ Purpose에 '목적'을 선택하고 ❼ [Save]
버튼을 클릭합니다.

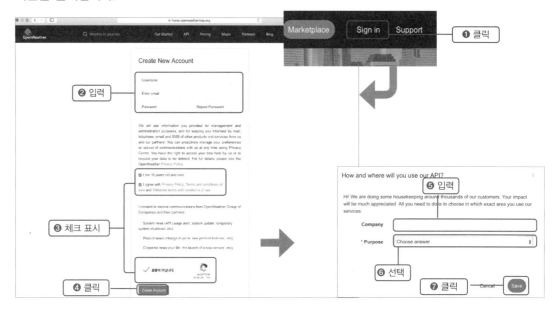

2 API 키를 구한다

계정을 작성하면 API 키가 발행됩니다. ❶ 로그인해(계정 작성 직후에는 로그인할 필요가 없습니
다) 회색 글씨로 나열돼 있는 메뉴 중 ❷ [API keys]를 클릭합니다. ❸ Key(API 키) 문자열을 확인할
수 있습니다.

③ API를 이용한다

페이지 위에 있는 [Pricing] 탭을 클릭하면 무료 버전과 유료 버전에서 할 수 있는 기능 목록이 표시됩니다. 무료 버전은 'Current Weather API', '3-hour Forecast 5 days API'에 체크 표시가 있으므로 이 기능을 이용할 수 있다는 것을 알 수 있습니다. 또 라이선스가 'CC BY-SA 4.0'로 돼 있다는 것을 확인할 수 있습니다.

페이지 위에 있는 ❶ [API] 탭을 클릭하면 사용할 수 있는 웹 API 목록이 표시됩니다. 무료 버전은 ❷ 'Current Weather Data API(현재 날씨)', '5 days / 3 hour Forecast API(3시간별 5일간 날씨)'를 사용할 수 있습니다.

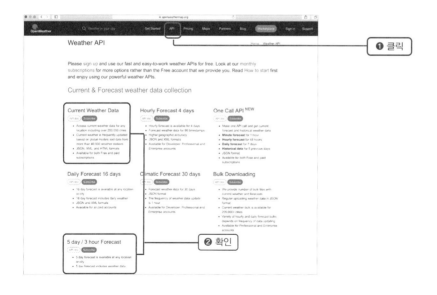

LESSON
18

현재 날씨를 조사하자

OpenWeatherMap API를 사용해 현재 날씨를 구해 봅시다.

박사님! 빨리 날씨를 알아봐요. 어떻게 하면 돼요?

그럼, '현재 날씨'를 알아볼까요?

빨리 가르쳐 주세요.

그러려면 먼저 API의 사양을 알 필요가 있어요.

뭐라고요?

사이트에 쓰여 있으니까 살펴봅시다. 'Current weather data'에서 [API doc]을 클릭하면 API 사양과 구할 수 있는 데이터의 형식을 알 수 있어요.

글자가 많아 복잡하지만, 샘플을 보면 알 수 있을 것 같아요.

지정 방법에는 여러 가지가 있으므로 사용하기 편하도록 정리해 봤습니다.

현재 날씨를 조사하는 방법

도시명으로 지정(By city name) : city는 국가 코드도 지정	http://api.openweathermap.org/data/2.5/weather?q={city}&appid={key}&lang=kr&units=metric
도시 ID로 지정(By city ID)	http://api.openweathermap.org/data/2.5/weather?id={city ID}&appid={key}&lang=kr&units=metric
위도·경도로 지정 (By geographic coordinates)	http://api.openweathermap.org/data/2.5/weather?lat={lat}&lon={lon}&appid={key}&lang=kr&units=metric
우편번호로 지정(By ZIP code) : zipCode는 국가 코드도 지정	http://api.openweathermap.org/data/2.5/weather?zip={zipCode}&appid={key}&lang=kr&units=metric

해외 사이트이므로 날씨는 영어, 기온 단위는 켈빈 단위로 표시됩니다. 그래서 날씨 상세 정보가 한국어(lang = kr)로 표시되도록 하고 기온 단위도 섭씨(units = metric)로 표시되도록 바꿨습니다.

 # 도시명을 지정해 날씨 알아보기

먼저 도시명을 지정해 날씨를 구하여 봅시다.

도시명으로 지정할 때는 다음과 같이 씁니다. 아래에서 {city}를 도시명으로 하고 {key}를 API 키로 바꿔 리퀘스트합니다.

```
http://api.openweathermap.org/data/2.5/weather?q={city}&appid={key}&lang=kr&units=metric
```

LESSON
19

파이썬에서 이렇게 '문자열이 있는 부분을 다른 문자열로 바꾸고 싶을 때'는 format문을 사용하면 편리합니다.

형식: 문자열 중 한 부분을 다른 문자열로 바꾸기: format문

```
ans = "문자열{키 1}문자열"
ans = ans.format(키1="문자열1")
```

형식: 문자열 중 여러 부분을 다른 문자열로 바꾸기: format문

```
ans = "문자열{키 1}문자열{키 2}문자열"
ans = ans.format(키1="문자열1", 키2="문자열2")
```

예를 들어 변수 ans에 "오늘은 {키1}입니다."라는 문자열을 마련해 두고, 이 {키1} 부분을 "맑음"으로 바꾸고 싶을 때는 'ans = ans.format(키1="맑음")'과 같이 명령합니다. 그러면 문자열이 "오늘은 맑음입니다."로 바뀝니다.

바꾸고 싶은 부분이 여러 개 있는 경우에는 키의 개수를 늘리면 됩니다.

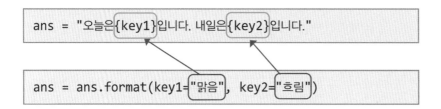

"오늘은 {key1}입니다. 내일은 {key2}입니다."에서 두 군데 문자열을 바꿔 봅시다.

chap5/chap5-1.py

```
ans = "오늘은{key1}입니다. 내일은{key2}입니다."
print(ans)····························· ans를 그대로 표시한다.

ans = ans.format(key1="맑음", key2="흐림")
print(ans)····························· 가공 후의 ans를 표시한다.
```

출력 결과

```
오늘은 {key1}입니다. 내일은 {key2}입니다.
오늘은 맑음입니다. 내일은 흐림입니다.
```

이 format문을 사용해 제주의 날씨를 구해 봅시다. {city}를 "Jeju, KR"로, {key}를 "구한 API 키"로 바꿔 리퀘스트합니다. 리퀘스트에는 requests.get(url)를 사용합니다.

처리 결과는 JSON 형식으로 반환됩니다. JSON을 다룰 수 있도록 표준 라이브러리를 'import json'으로 임포트하고, 구한 값에 '.json()'이라고 명령해 꺼냅니다. 구한 데이터를 표시해 봅시다.

chap5/chap5-2.py

```python
import requests
import json

# 제주의 현재 날씨를 구한다.
url = "http://api.openweathermap.org/data/2.5/weather?q={city}&appid={key}&lang=kr&units=metric"
url = url.format(city="Jeju,KR", key="구한 API 키")················ API 키를 입력한다.

jsondata = requests.get(url).json()
print(jsondata)
```

'구한 API 키' 부분에는 'OpenWeatherMap에서 여러분의 계정으로 구한 API 키'를 입력하세요.

출력 결과

```
{'coord': {'lon': 126.52, 'lat': 33.51}, 'weather': [{'id': 500, 'main':
'Rain', 'description': '실 비', 'icon': '10n'}, {'id': 701, 'main':
'Mist', 'description': '박무', 'icon': '50n'}], 'base': 'stations',
'main': {'temp': 23, 'feels_like': 27.19, 'temp_min': 23, 'temp_max':
23, 'pressure': 1011, 'humidity': 100}, 'visibility': 4500, 'wind':
{'speed': 1.5, 'deg': 300}, 'clouds': {'all': 90}, 'dt': 1595253010,
'sys': {'type': 1, 'id': 8087, 'country': 'KR', 'sunrise': 1595191074,
'sunset': 1595241736}, 'timezone': 32400, 'id': 1846266, 'name': 'Jeju
City', 'cod': 200}
```

LESSON
19

이렇게 제주의 현재 날씨 데이터를 구했습니다. 자세히 보면 날씨와 기온 등이 있는 듯하지만, JSON 형식이라 좀 알기 힘듭니다. 그래서 다음은 JSON 데이터를 취급하는 방법을 살펴보겠습니다.

JSON이란?

JSON(제이슨)은 혹시 공포 영화에 나오는 전기톱 들고 있는 사람 말인가요?

아니에요. '자바스크립트 데이터를 쓰는 방법'을 말해요. JavaScript Object Notation의 약자가 JSON이에요.

파이썬인데 왜 자바스크립트가 나오나요?

JSON은 심플하고 다루기 쉬운 데이터 표현 방법이라서 자바스크립트뿐 아니라 파이썬이나 자바, PHP, Ruby 등 많은 프로그래밍 언어에서도 이용할 수 있어요.

그런가요?

여러 언어에서 공통적으로 사용할 수 있어서 편리하므로 대부분의 웹 API에서는 JSON을 사용하고 있어요.

그렇군요.

JSON 데이터 형식

JSON에서는 키와 값을 '키 : 값' 페어로 나타낸 것을 오브젝트라고 부릅니다. 이 오브젝트를 '{}(물결 괄호)'로 묶고, ',(콤마)'로 구분해 여러 개의 데이터를 기술해갑니다.

 형식:

{키 : 값}

{키 : 값, 키 : 값, ...}

키는 문자열로 지정합니다. 이 키를 사용해 값에 액세스합니다. 값은 '수치', '문자열', '진위값', '배열값', '오브젝트값', '널값(값이 비어 있다는 것을 나타내는 null)'을 사용할 수 있습니다.

```
{"name":"다즐링", "price":600, "재고":true }
```

또 배열이나 오브젝트는 내포(계층화)시킬 수 있으므로 복잡한 구조로 된 데이터도 표현할 수 있습니다.

[테스트 데이터 2] (chap5/test2.json)

```
[
  {
    "name" : "Seoul",
    "coord" : {"lat" : 37.56, "lon" : 127.00}
  },
  {
    "name" : "Busan",
    "coord" : {"lat" : 35.14, "lon" : 129.06}
  }
]
```

JSON 데이터를 읽어 들이는 방법

JSON 데이터를 읽어 들이는 방법에는 '1. 파일로 읽어 들이는 방법'과 '2. 인터넷에서 읽어 들이는 방법'이 있습니다.

① 파일로 읽어 들이는 방법

JSON 파일을 읽어 들일 때는 'open(파일명, mode="r")'을 사용해 파일을 읽기 모드로 열고, 'json.loads(f.read())'라고 지정해 JSON 데이터를 읽어 들입니다.

형식: JSON 파일 읽어 들이기

```
with open("파일명", mode="r") as f:
    jsondata = json.loads(f.read())
```

② 인터넷에서 직접 읽어 들이는 방법

인터넷에서 직접 읽어 들일 때는 'requests.get(url).json()'이라고 지정해 URL에 요청하고 JSON 데이터로 변환해 구합니다.

형식: 인터넷에서 JSON 파일 읽어 들이기

```
jsondata = requests.get(url).json()
```

MEMO **JSON에서 날짜 데이터를 다루는 경우**

JSON에서는 날짜 데이터 등을 직접 값으로 다룰 수 없지만, 문자열이나 수치(타임스탬프) 등으로 변환해 다룰 수는 있습니다.

먼저 조금 전에 작성한 JSON 파일(test2.json)을 읽어 들여 표시해 봅시다. 이때 표준 라이브러리인 pprint(pretty-print)를 사용하면 모양을 깔끔하게 표시할 수 있습니다. 'from pprint import pprint'를 사용해 임포트하고 'pprint(값)'으로 지정해 사용합니다.

chap5/chap5-3.py

```python
import json
from pprint import pprint


with open("test2.json", mode="r") as f:
    jsondata = json.loads(f.read())
    pprint(jsondata)
```

출력 결과

```
[{'coord': {'lat': 37.56, 'lon': 127.0}, 'name': 'Seoul'},
 {'coord': {'lat': 35.14, 'lon': 129.06}, 'name': 'Busan'}]
```

```
[
    {'coord' : {'lat' : 37.56,
                'lon' : 127.00 },

     'name' : 'Seoul'},
    {'coord' : {'lat' : 35.14,
                'lon' : 129.06 },

     'name' : 'Busan'}
]
```

JSON이 표시됐지만, [ ]와 { }가 많아서 너무 복잡해요.

그럴 때는 바깥쪽부터 보면 돼요. 가장 바깥쪽이 [ ]이니까 배열이라는 것을 알 수 있지요? 그 안에 {'coord' : 뭐뭐}라는 오브젝트가 2개 들어 있어요.

name이 Seoul하고 Busan으로 돼 있으니 서울과 부산 데이터라는 말이네요.

LESSON
19

'coord'는 좌표를 말해요. 그 안에 { 'lat' : 위도, 'lon' : 경도}라는 오브젝트가 있는 거예요.

그렇군요. 서울과 부산의 위도(lat)와 경도(lon) 데이터라는 말이네요.

JSON 데이터의 구조를 알아봤으므로 이제 각각의 값을 구해 봅시다. 개별 값을 꺼내려면 배열은 0부터 시작하는 인덱스 번호, 오브젝트는 키를 사용합니다.

처음 오브젝트는 배열의 처음(인덱스 0) 값이므로 'jsondata[0]'으로 지정합니다. 인덱스 0의 name 값을 구하려면 "jsondata[0]["name"]'이라고 지정해야 하고, 인덱스 0의 coord의 lat 값을 구하려면 'jsondata[0]["coord"]["lat"]'라고 지정해야 합니다.

chap5/chap5-4.py

```python
import json
from pprint import pprint

with open("test2.json", mode="r") as f:
    jsondata = json.loads(f.read())
    print("첫 번째 오브젝트 = ",jsondata[0])
    print("도시명 = ",jsondata[0]["name"])
    print("위도   = ",jsondata[0]["coord"]["lat"])
    print("경도   = ",jsondata[0]["coord"]["lon"])
```

출력 결과

```
첫 번째 오브젝트 =  {'name': 'Seoul', 'coord': {'lat': 37.56, 'lon': 127.0}}
도시명 =  Seoul
위도   =  37.56
경도   =  127.0
```

이렇게 JSON 데이터에서 개별 데이터를 꺼낼 수 있습니다.

이를 참고로 제주의 날씨를 구해 봅시다. 먼저 pprint로 JSON 데이터를 표시해서 확인합니다.

chap5/chap5-5.py

```python
import requests
import json
from pprint import pprint

# 제주의 현재 날씨를 구한다.
url = "http://api.openweathermap.org/data/2.5/weather?q={city}&appid={key}&lang=kr&units=metric"
url = url.format(city="Jeju,KR", key="구한 API 키")          ················· API 키를 입력한다.

jsondata = requests.get(url).json()
pprint(jsondata)
```

출력 결과

```
{'base': 'stations',
  (…생략…)
  'main': {'feels_like': 27.19,
           'humidity': 100,
           'pressure': 1011,
           'temp': 23,
           'temp_max': 23,
           'temp_min': 23},
  'name': 'Jeju City',
  (…생략…)
  'weather': [{'description': '실비',
               'icon': '10n',
               'id': 500,
               'main': 'Rain'}]
  'wind': {'deg': 300, 'speed': 1.5}}
```

데이터 구조를 알았으므로 여기서 'name(도시명)', 'main의 temp(기온)', 'weather의 인데스 0인 main(날씨)', 'weather의 인덱스 0인 description(상세 날씨)'를 꺼내 표시해 봅시다.

LESSON
19

정보는 날씨에 따라 조금 달라져요. 바람이 강할 때는 풍향(deg) 정보가 추가되는 경우도 있어요.

chap5/chap5-6.py

```python
import requests
import json

# 제주의 현재 날씨를 구한다.
url = "http://api.openweathermap.org/data/2.5/weather?q={city}&appid={key}&lang=kr&units=metric"
url = url.format(city="Jeju,KR", key="구한 API 키")

jsondata = requests.get(url).json()
print("도시명    = ", jsondata["name"])
print("기온      = ", jsondata["main"]["temp"])
print("날씨      = ", jsondata["weather"][0]["main"])
print("상세 날씨 = ", jsondata["weather"][0]["description"])
```

 출력 결과

```
도시명    =  Jeju City
기온      =  23
날씨      =  Rain
상세 날씨 =  실 비
```

또 'url = url.format(city="Jeju,KR"'에서 도시명을 바꾸면 다른 도시의 날씨도 구할 수 있습니다.

chap5/chap5-6A.py

```python
import requests
import json

# 뉴욕의 현재 날씨를 구한다.
url = "http://api.openweathermap.org/data/2.5/weather?q={city}&appid={key}&lang=kr&units=metric"
url = url.format(city="New York,US", key="구한 API 키")
```

```python
jsondata = requests.get(url).json()
print("도시명    = ", jsondata["name"])
print("기온      = ", jsondata["main"]["temp"])
print("날씨      = ", jsondata["weather"][0]["main"])
print("상세 날씨 = ", jsondata["weather"][0]["description"])
```

출력 결과

```
도시명    =  New York
기온      =  30.61
날씨      =  Clear
상세 날씨 =  맑음
```

chap5/chap5-6B.py

```python
import requests
import json

# 런던의 현재 날씨를 구한다.
url = "http://api.openweathermap.org/data/2.5/weather?q={city}&appid={key}&lang=kr&units=metric"
url = url.format(city="London,UK", key="구한 API 키")

jsondata = requests.get(url).json()
print("도시명    = ", jsondata["name"])
print("기온      = ", jsondata["main"]["temp"])
print("날씨      = ", jsondata["weather"][0]["main"])
print("상세 날씨 = ", jsondata["weather"][0]["description"])
```

LESSON
19

출력 결과

```
도시명    =  London
기온      =  21.23
날씨      =  Clouds
상세 날씨 =  온흐림
```

뉴욕이나 런던의 날씨도 조사했어요.

우편번호를 지정해 날씨 알아보기

조금 전에는 '도시명'으로 날씨를 알아봤는데, 이번에는 '우편번호'로 알아봐요.

네? 그런 것도 가능해요?

웹 API에 그런 기능이 마련돼 있어요. 여기서는 미국의 우편번호를 조사해 볼게요. 예를 들어 미국의 우편번호가 '10029'인 지역의 날씨를 알아봅시다.

흠흠….

OpenWeatherMap은 전 세계의 데이터를 다루고 있어요. 그래서 미국의 우편번호를 지정할 때는 '10029,US'처럼 미국의 국가 코드도 함께 지정해요.

전 세계의 우편번호를 알고 있다니 똑똑하네요!

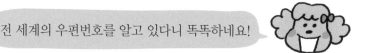

chap5/chap5-7.py

```python
import requests
import json

# 현재 날씨를 구한다.: 우편번호 10029
url = "http://api.openweathermap.org/data/2.5/weather?zip={zipcode}&appid={key}&lang=kr&units=metric"
url = url.format(zipcode="10029,US", key="구한 API 키")

jsondata = requests.get(url).json()
print("도시명   = ", jsondata["name"])
print("기온     = ", jsondata["main"]["temp"])
print("날씨     = ", jsondata["weather"][0]["main"])
print("상세 날씨 = ", jsondata["weather"][0]["description"])
```

출력 결과

```
도시명     =   New York
기온       =   22.33
날씨       =   Clouds
상세 날씨  =   튼구름
```

New York은 자유의 여신상이 있는 곳이잖아요. 우편번호로 날씨도 알 수 있군요.

LESSON
19

오늘부터 5일 동안(3시간 간격)의 날씨 알아보기

OpenWeatherMAP의 API를 사용해 오늘부터 5일 동안의 날씨를 구하여 봅시다.

도시명과 우편번호로 '현재 날씨'를 알아봤으므로 이번에는 '오늘부터 5일 동안의 날씨를 구해' 봅시다.

내일과 모레 날씨도 알 수 있군요.

웹 API 호출 방법을 조금 바꾸기만 하면 돼요. 그런데 5일분×3시간별 데이터이므로 40개의 날씨 데이터를 한꺼번에 구하게 돼요.

5일분이니까 그렇게 많아지는군요.

먼저 어떤 데이터가 되돌아오는지 확인해 봅시다.

'5 day / 3 hour Forecast'에서 'API doc'를 클릭하면 API 사양을 알 수 있습니다.

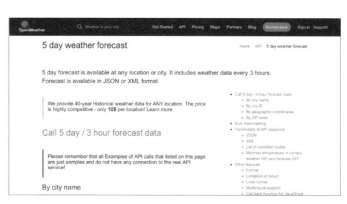

5일 동안(3시간 간격)의 날씨를 조사하는 방법

도시명으로 지정(By city name) : city는 국가 코드도 지정	http://api.openweathermap.org/data/2.5/forecast?q={city}&appid={key}&lang=kr&units=metric
도시 ID로 지정(By city ID)	http://api.openweathermap.org/data/2.5/forecast?id={cityID}&appid={key}&lang=kr&units=metric
위도·경도로 지정 (By geographic coordinates)	http://api.openweathermap.org/data/2.5/forecast?lat={lat}&lon={lon}&appid={key}&lang=kr&units=metric
우편번호로 지정(By ZIP code) : zipCode는 국가 코드도 지정	http://api.openweathermap.org/data/2.5/forecast?zip={zipCode}&appid={key}&lang=kr&units=metric

 # 5일 동안의 날씨를 구해 보자

이제 '도시명을 지정해 해당 도시의 5일 동안의 날씨를 구해' 봅시다.

다음은 도시명으로 지정할 때의 작성 방법인데, 이 {city}에 도시명, {key}에는 API 키를 지정해 리퀘스트합니다.

```
http://api.openweathermap.org/data/2.5/forecast?q={city}&appid={key}&
lang=kr&units=metric
```

서울의 5일 동안의 날씨 데이터를 구합니다. 먼저 pprint로 JSON 데이터를 표시해 확인합니다.

 chap5/chap5-8.py

```python
import requests
import json
from pprint import pprint

# 서울의 5일 동안(3시간 간격)의 날씨를 구한다.
url = "http://api.openweathermap.org/data/2.5/forecast?q={city}&appid
={key}&lang=kr&units=metric"
url = url.format(city="Seoul,KR", key="구한 API 키")

jsondata = requests.get(url).json()
pprint(jsondata)
```

```
{'city': {'coord': {'lat': 37.5683, 'lon': 126.9778},
          'country': 'KR',
          'id': 1835848,
          'name': 'Seoul',
          'population': 10349312,
          'sunrise': 1595190371,
          'sunset': 1595242219,
          'timezone': 32400},
 'cnt': 40,
 'cod': '200',
 'list': [{'clouds': {'all': 95},
          'dt': 1595257200,
          'dt_txt': '2020-07-20 15:00:00',
          'main': {'feels_like': 24.33,
                   'grnd_level': 1004,
                   'humidity': 80,
                   'pressure': 1010,
                   'sea_level': 1010,
                   'temp': 22.83,
                   'temp_kf': -0.14,
                   'temp_max': 22.97,
                   'temp_min': 22.83},
          'pop': 0,
          'sys': {'pod': 'n'},
          'visibility': 10000,
          'weather': [{'description': '온흐림',
                       'icon': '04n',
                       'id': 804,
                       'main': 'Clouds'}],
          'wind': {'deg': 225, 'speed': 2.6}},
 (… 생략: 39개 이어짐 …)
                                        ],
          'wind': {'deg': 69, 'speed': 4.06}}],
 'message': 0}
```

데이터 구조가 현재 날씨의 경우와 조금 다릅니다. 도시·이름이나 위도·경도는 city 오브젝트에 들어 있고 3시간 간격 날씨 정보는 list 안에 배열로 들어 있습니다. 하루에 8개(3시간 간격)의 날씨 정보가 5일치 있으므로 40개의 날씨 정보가 나옵니다. 따라서 데이터량도 700줄이나 됩니다.

UTC(협정 세계시)를 KST(한국 표준시)로 변환

여기서 주의해야 할 점은 바로 '날짜'와 '시각'입니다. 데이터에서는 **dt_txt**가 '날짜와 시각'을 나타내고 있고, **dt**는 이를 수치로 표현한 '타임스탬프'를 나타내고 있습니다.

```
'list': [{'clouds': {'all': 95},
'dt': 1595257200,
'dt_txt': '2020-07-20 15:00:00',
```

'2020-07-20 15:00:00'라고 쓰여 있으니 한국의 2020년 7월 20일 15시 0분이라고 생각하기 쉽지만, 이런 전 세계의 데이터를 다루는 서비스의 경우 KST(한국 표준시)가 아니라 세계 표준인 UTC(협정 세계시)를 사용하는 것이 일반적입니다. OpenWeatherMap에서 사용하고 있는 날짜와 시각도 UTC이므로 한국의 경우 이보다 9시간 빠른 시각이 됩니다.

이를 수정하려면 표준 라이브러리인 `datetime`의 `timedelta`나 `timezone`을 사용합니다. 여기서는 '`from datetime import datetime, timedelta, timezone`'이라고 임포트해 사용하겠습니다.

UTC로 '2020-07-20 15:00:00'인 날짜와 시각을 KST로 변환하려면, 먼저 한국의 타임존을 +9시간으로 지정해 만들어 두고, 'UTC 타임스탬프가 이 타임존에서는 몇 시가 되는지'를 구해야 합니다.

형식: UTC(협정 세계시)를 KST(한국 표준시)로 변환

```
tz = timezone(timedelta(hours=+9), 'KST')
kst = datetime.fromtimestamp( UTC의 타임스탬프 , tz)
```

예를 들어 '2020-07-20 15:00:00'의 타임스탬프(1595257200)를 사용해 UTC에서 KST로 변환해 봅시다. 구한 시각은 '2020-07-20 15:00:00+09:00'와 같이 길게 표시되므로 짧게 표시하고 싶은 경우는 str(시각)[:-9]라고 지정하면 뒤에 있는 9자를 삭제해 짧게 만들 수 있습니다.

LESSON
20

chap5/chap5-9.py

```python
from datetime import datetime, timedelta, timezone

# UTC(협정 세계시)를 KST(한국 표준시)로 변환한다.
timestamp = 1595257200

tz = timezone(timedelta(), 'UTC')
utc = datetime.fromtimestamp(timestamp, tz)
print(utc)

tz = timezone(timedelta(hours=+9), 'KST')
kst = datetime.fromtimestamp(timestamp, tz)
print(kst)
print(str(kst)[:-9])
```

출력 결과

```
2020-07-20 15:00:00+00:00

2020-07-21 00:00:00+09:00

2020-07-21 00:00
```

MEMO **UTC(협정 세계시)**

예전에는 영국의 그리니치 천문대(경도 0도)에서 본 태양의 움직임을 기준
으로 정한 GMT(그리니치 표준시, Greenwich Mean Time)을 세계시로 사용
했지만, 세슘 원자의 진동수를 기준으로 한 고정밀도 세슘 원자시계가 발명
된 이후로는 이를 국제 원자시로 사용하게 됐습니다. 하지만 이 국제 원자시
는 너무 정확해서 천체의 활동과 어긋나는 부분이 있기 때문에 오차가 0.9
초 이상이 되지 않도록 윤초로 조정한 것이 UTC(협정 세계시, Coordinated
Universal Time)입니다. 일상적으로는 둘 다 거의 비슷한 것으로 KST(한국
표준시)는 이 시각보다 9시간 빠른 시각입니다.

이 방법을 사용해 서울의 5일 간의 시각(UST)을 KST 시각으로 변환해 봅시다.

chap5/chap5-10.py

```python
import requests
import json
from datetime import datetime, timedelta, timezone

# 서울의 5일 동안(3시간 간격)의 날씨를 구한다.
url = "http://api.openweathermap.org/data/2.5/forecast?q={city}&app
id={key}&lang=kr&units=metric"
url = url.format(city="Seoul,KR", key="구한 API 키")

jsondata = requests.get(url).json()
tz = timezone(timedelta(hours=+9), 'KST')
for dat in jsondata["list"]:
    kst = str(datetime.fromtimestamp(dat["dt"], tz))[:-9]
    print("UST={ust}, KST={kst}".format(ust=dat["dt_txt"], kst=kst))
```

출력 결과

```
UST=2020-07-20 15:00:00, KST=2020-07-21 00:00
UST=2020-07-20 18:00:00, KST=2020-07-21 03:00
UST=2020-07-20 21:00:00, KST=2020-07-21 06:00
UST=2020-07-21 00:00:00, KST=2020-07-21 09:00
UST=2020-07-21 03:00:00, KST=2020-07-21 12:00
(… 생략 …)
```

LESSON
20

9시가 빠른 한국 표준시로 변환되는 것을 알 수 있습니다. 이제 5일 동안(3시간 간격)의 날씨를 한국 표준시로 표시해 봅시다.

chap5/chap5-11.py

```python
import requests
import json
from datetime import datetime, timedelta, timezone

# 서울의 5일 동안(3시간 간격)의 날씨를 구한다.
url = "http://api.openweathermap.org/data/2.5/forecast?q={city}&appid={key}&lang=kr&units=metric"
url = url.format(city="Seoul,KR", key=" 구한 API 키 ")

jsondata = requests.get(url).json()
tz = timezone(timedelta(hours=+9), 'KST')
for dat in jsondata["list"]:
    kst = str(datetime.fromtimestamp(dat["dt"], tz))[:-9]
    weather = dat["weather"][0]["description"]
    temp = dat["main"]["temp"]
    print(" 날짜 :{kst}, 날씨 :{w}, 기온 :{t} 도 ".format(kst=kst,
                                                        w=weather, t=temp))
```

출력 결과

```
날짜 : 2020-07-21 00:00, 날씨 : 온흐림,    기온 : 22.68도
날짜 : 2020-07-21 03:00, 날씨 : 온흐림,    기온 : 22.64도
날짜 : 2020-07-21 06:00, 날씨 : 튼구름,    기온 : 22.39도
날짜 : 2020-07-21 09:00, 날씨 : 구름조금, 기온 : 26.04도
날짜 : 2020-07-21 12:00, 날씨 : 튼구름,    기온 : 30.24도
(… 생략 …)
```

5일 동안의 기온을 그래프로 표시해 보자

5일 동안의 날씨를 구했는데, 이번에는 기온에 주목해 봅시다.

어, 조금 전 프로그램에서 기온도 나왔어요.

맞아요. 그걸 이용하는 거예요. 기온 데이터만 꺼내 그래프로 만들 거예요.

그렇군요. 수치니까 그래프로 만들 수 있군요.

기온 데이터를 꺼내 pandas를 사용해 표 데이터로 모을 거예요. 그러 면 그래프로 만드는 것은 간단하죠.

또 팬더가 나오네요!

그래프의 기초가 되는 '몇 시에 몇 도인지'에 대한 표 데이터를 만들어 봅시다.

먼저 pandas로 빈 DataFrame을 만들고 각 항목을 '기온'으로 해 둡니다. 여기에 '몇 시에(KST)'를 인덱스로 해 '몇 도인지(기온)' 데이터를 추가해가면 '몇 시에 몇 도인지' DataFrame을 만들 수 있습니다.

LESSON
20

 chap5/chap5-12.py

```python
import requests
import json
from pprint import pprint
from datetime import datetime, timedelta, timezone
import pandas as pd

# 서울의 5일 동안(3시간 간격)의 날씨를 구한다.
url = "http://api.openweathermap.org/data/2.5/forecast?q={city}&appid={key}&lang=kr&units=metric"
url = url.format(city="Seoul,KR", key="구한 API 키")

jsondata = requests.get(url).json()
```

```python
df = pd.DataFrame(columns=["기온"])
tz = timezone(timedelta(hours=+9), 'KST')
for dat in jsondata["list"]:
    kst = str(datetime.fromtimestamp(dat["dt"], tz))[:-9]
    temp = dat["main"]["temp"]
    df.loc[kst] = temp

pprint(df)
```

출력 결과

```
                     기온
2020-07-21 00:00  22.68
2020-07-21 03:00  22.64
2020-07-21 06:00  22.39
2020-07-21 09:00  26.04
2020-07-21 12:00  30.24
(… 생략 …)
```

이것으로 '몇 시에 몇 도인지' DataFrame이 만들어졌습니다.

이제 마지막으로 이 DataFrame을 matplotlib를 사용해 그래프로 만들어 봅시다.

그래프의 화면 크기를 크게 하기 위해 'df.plot(figsize=(15,8))'이라고 지정합니다. 또 기온을 일반적인 눈금으로 표시하기 위해 최솟값을 −10, 최댓값을 40으로 해 'plt.ylim(-10,40)'으로 지정합니다. 그리고 눈금선을 표시합시다. 'plt.grid()'로 지정합니다. 마지막은 이 그래프를 'plt.show()'로 표시하면 됩니다.

chap5/chap5-13.py

```python
import requests
import json
from pprint import pprint
from datetime import datetime, timedelta, timezone
import pandas as pd
import matplotlib.pyplot as plt
# 여기에 한글 깨짐 방지 코드를 추가한다(94쪽 참조).


# 서울의 5일 동안(3시간 간격)의 날씨를 구한다.
url = "http://api.openweathermap.org/data/2.5/forecast?q={city}&appid={key}&lang=kr&units=metric"
url = url.format(city="Seoul,KR", key="구한 API 키")


jsondata = requests.get(url).json()
df = pd.DataFrame(columns=["기온"])
tz = timezone(timedelta(hours=+9), 'KST')
for dat in jsondata["list"]:
    kst = str(datetime.fromtimestamp(dat["dt"], tz))[:-9]
    temp = dat["main"]["temp"]
    df.loc[kst] = temp

df.plot(figsize=(15,8))
plt.ylim(-10,40)
plt.grid()
plt.show()
```

LESSON
20

출력 결과

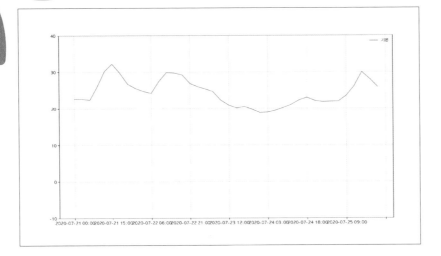

됐어요! 근데 이거 미래의 기온 그래프죠? 생각할수록 신기하네요.

인터넷에서 데이터를 구해 필요한 데이터를 추출하고 표 데이터를 만들어 그래프로 만든 거예요. 지금까지 한 내용을 총동원한 거죠.

 한 걸음 더

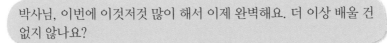

박사님, 이번에 이것저것 많이 해서 이제 완벽해요. 더 이상 배울 건 없지 않나요?

지금까지 잘 따라 왔어요. 잘했어요. 하지만 이제 겨우 입구에 도달한 거예요.

네? 정말요?

이 책으로 '파이썬을 사용해 인터넷에서 필요한 데이터를 구하고 그것을 집계하거나 그래프로 표시'하는 일을 어느 정도 할 수 있게 되었죠?

그런데 더 배워야 하나요?

여기서 한 것은 '파이썬을 사용해 데이터를 처리하는 방법', 즉 '도구의 사용법'을 경험한 거예요.

무슨 뜻이죠?

데이터 분석은 사실 도구를 사용하기 전에 '무엇을 전달하고 싶은지'나 '어떻게 올바르게 전달할지'를 생각하는 것이 중요해요. '파이썬으로 데이터를 이리저리 시험해 보니 뭔가가 완성됐어요' 정도로는 아직 갈 길이 멀다는 뜻이에요.

전 아직 멀었군요.

세상의 데이터는 세상에 있는 현상을 수치나 문자로 모아놓은 것에 지나지 않아요. '거기서 무엇을 파악할지', '그것이 어떤 의미를 지니는지'를 데이터와 부딪히면서 알아내야 해요. 그리고 그걸 깨달았다면 '이제 이렇게 하면 더 좋지 않을까?'라는 새로운 시점이 보일 거예요. 그것이 문제 해결로 이어지고 다른 사람에게 설명도 할 수 있게 돼요. 데이터 분석에서는 새로운 시점을 찾아내는 것이 중요해요.

LESSON 20

새로운 시점요? 재미있을 것 같아요. 아직 갈 길이 멀군요.

파이썬이라는 편리한 도구를 사용할 수 있으니 즐기면서 앞으로 나아가도록 합시다.

찾아보기

Python 2학년 스크래핑의 구조

2021. 11. 10. 1판 1쇄 인쇄
2021. 11. 17. 1판 1쇄 발행

지은이 | 모리 요시나오
표지 디자인 | 오시타 켄이치로
장정 · 본문 디자인 | 아라이 노리코
만화 | 호리타 미와
편집 · DTP | 주식회사 리브로웍스
옮긴이 | 이영란
펴낸이 | 이종춘
펴낸곳 | **BM** (주)도서출판 **성안당**
주소 | 04032 서울시 마포구 양화로 127 첨단빌딩 3층(출판기획 R&D 센터)
　　　 10881 경기도 파주시 문발로 112 파주 출판 문화도시(제작 및 물류)
전화 | 02) 3142-0036
　　　 031) 950-6300
팩스 | 031) 955-0510
등록 | 1973. 2. 1. 제 406-2005-000046 호
출판사 홈페이지 | **www.cyber.co.kr**
도서 내용 문의 | hrcho@cyber.co.kr
ISBN | 978-89-315-5689-6 (93000)
정가 | 17,000원

이 책을 만든 사람들
책임 | 최옥현
진행 · 편집 | 조혜란
교정 · 교열 | 안종군
본문 디자인 | 김인환
표지 디자인 | 임진영
홍보 | 김계향, 유미나, 서세원
국제부 | 이선민, 조혜란, 권수경
마케팅 | 구본철, 차정욱, 나진호, 이동후, 강호묵
마케팅 지원 | 장상범, 박지연
제작 | 김유석

이 책에서 사용된 모든 프로그램과 상표는 각 회사에 그 권리가 있습니다 .

Python 2年生 スクレイピングのしくみ 体験してわかる! 会話でまなべる!
(Python 2 Nensei Scraping no Shikumi Taiken Shite Wakaru! Kaiwa de Manaberu!
: 6191-4)

ⓒ 2019 YOSHINAO MORI

Original Japanese edition published by SHOEISHA Co., Ltd.
Korean translation rights arranged with SHOEISHA Co., Ltd.
through Eric Yang Agency

Korean translation copyright ⓒ 2021 by Sung An Dang, Inc.